【改正税法対応版】

「生前贈与」そのやり方では損をする

税理士法人レガシィ
天野 隆
天野大輔

青春新書
INTELLIGENCE

はじめに――税制改正でも慌てない！　相続専門税理士が教える「生前贈与」の新常識

「65年ぶりに、『生前贈与』のルールが変わる！」

2022年の年末、このように報じられるやいなや、相続専門税理士である私たちのもとには、お問い合わせや取材が殺到しました。

財産の一部を生前に受け渡す生前贈与は、相続金額を減らして節税する「相続税対策の王道」として知られています。

ここ数年、政府はこの生前贈与の見直しに向けて検討を重ねてきましたが、いよいよ2023年4月から、新しいルールに変わることになりました。

一番大きな変更点は、「暦年贈与」の相続財産への加算期間が、相続発生前の3年から7年に延長されたことです。暦年贈与とは、贈与税の暦年課税を利用した制度で、1年間に110万円以下の贈与なら贈与税がかからない仕組みを利用して、段階的に相続財産を減らしていく方法です。

これまでは3年以内の贈与が相続財産に組み込まれていたのが、7年になるというのは、実質的には増税です。「これからどうやって相続税対策をしていけばいいのか」と多くの方が不安に思うのも当然でしょう。

今回の税制改正では、この暦年贈与以外にも、

・「相続時精算課税」がより使いやすく制度変更される

・「教育資金一括贈与」「結婚・子育て資金一括贈与」の制度が延長される

など、生前贈与のルールが大きく変わります。

今後は相続税対策が難しくなるのではないかと思われるかもしれませんが、今からきちんと準備しておけば、それほど心配することはありません。

ただ、今回の改正内容はかなり複雑で、いつ相続が発生するかによって贈与の相続財産加算期間が変わったり、結局どの贈与のやり方が一番得なのかという見極めが難しくなっています。まずは改正のポイントをわかりやすく解説したうえで、損しない、さらには家族でモメない贈与や相続のコツをお伝えしていきます。

長年、多くの相続のお手伝いをしてきた私たちの知恵が皆さまのお役に立てば、こんなに嬉しいことはありません。

『【改正税法対応版】「生前贈与」そのやり方では損をする』目次

1章

今すぐ始めて得をする「生前贈与」

相続専門税理士が教える「暦年贈与」のテクニック

2章

「暦年贈与」以外の生前贈与もこんなに変わる！

自分に合った贈与のやり方を見極める

3章

「生前贈与」だけじゃない！頭のいい相続税対策

こんな節税は「やってはいけない」

4章

「モメる贈与、モメない贈与」の分かれ道
「お金」だけでなく「心」も受け継ぐ

付章

ゼロからわかる相続の基礎知識

これだけは押さえておきたい基本ポイント

本文デザイン／青木佐和子
編集協力／二村高史

序章

65年ぶりの大改正!「生前贈与」が変わる

知らないと損する相続の新ルール

日本中に激震が走った「令和5年度税制改正の大綱」

2023（令和5）年4月、贈与と相続のルールが65年ぶりに改正されました。数年前から改正が近いと噂されていましたが、いざ詳細が明らかになってみると、関係者の間に激震が走りました。

相続税や贈与税について定めた相続税法は、これまでも細かな修正が行われてきましたが、今回は生前贈与にターゲットを絞ったと見られる大きな変更です。生前贈与を活用した相続税の節税が以前より難しくなり、実質的な相続税の増税といってよいかもしれません。

相続を専門とする私たち税理士法人レガシィにも、贈与と相続に不安を抱えている方々をはじめ、相続関連の業務をされている金融機関、司法書士、弁護士などの専門家から、これまでにないほど数多くのご質問やご相談を受けています。今回の税制改正が、それだけ注目を集めているといっても過言ではありません。

改正の内容をご説明する前に、今回の改正の狙いを考えてみましょう。

税制改正に先立ち、2022年11月8日に内閣府の「相続税・贈与税に関する専門家会合」が提出した説明資料には、「資産移転の時期の選択により中立的な税制の構築」を目指すとあります。

中立的な税制というのは、「生前に贈与しても亡くなってから相続しても、課税額が変わらない税制」という意味と考えるとよいでしょう。つまり、資産を移動する時期によって税額が変わるのは「中立的でない」という議論です。

これまで資産家の多くは、相続税と贈与税が別の税体系であることを利用して、生前贈与という方法によって相続税の負担を減らしてきました。しかし、「それは不公平であるから、相続税と贈与税を一体化して中立的な税制にすべきだ」というのが財務省の立場であることを示しています。

これが発表されると、相続を専門とする関係者は大きな衝撃を受けました。財務省は生前贈与を活用した節税に対して、本気でメスを入れるつもりだとわかったからです。そして、今回（2023年）の税制改正によって、それが具体的な形で示されたのです。

❏「生前贈与」改正の3つのポイント

今回の贈与税改正の大きなポイントは、「生前贈与の相続財産加算期間が3年から7年に延長」「相続時精算課税の見直し」「教育、結婚・子育て資金の贈与の見直し」の3点です。それぞれについて、簡単に説明しましょう。

①生前贈与の相続財産加算期間が3年から7年に延長

贈与税に関しては通常、1月1日から12月31日までの年単位で区切って課税される「暦年課税」という方法がとられています。年ごとに贈与税を払ってしまえば（贈与額が年間110万円以下ならば贈与税は非課税）、贈与した人が亡くなっても、その金額は相続税課税対象から外されるのです。

ただし、亡くなる直前に贈与して相続税逃れをすることを防ぐため、亡くなる直前3年以内の贈与についてはさかのぼって相続財産に加算して、相続税の課税対象にするという

図表1 「暦年贈与」改正の変更点

［現行制度］

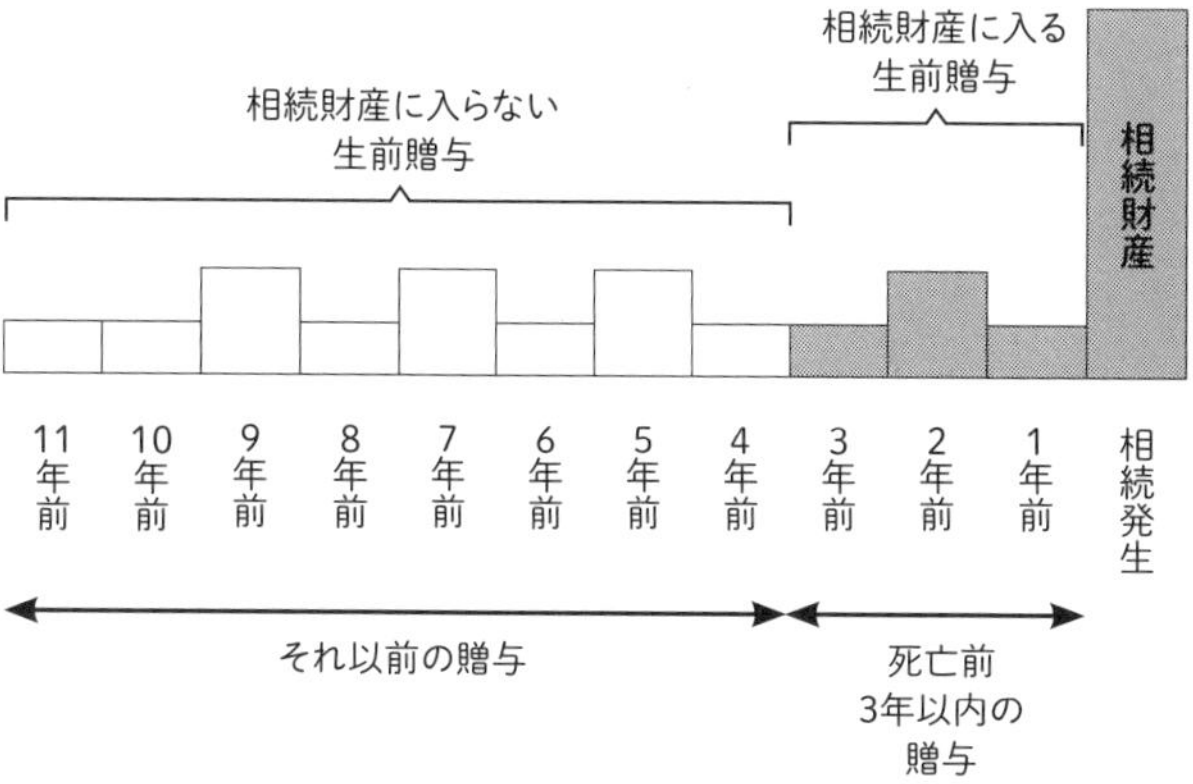

［改正後の制度］

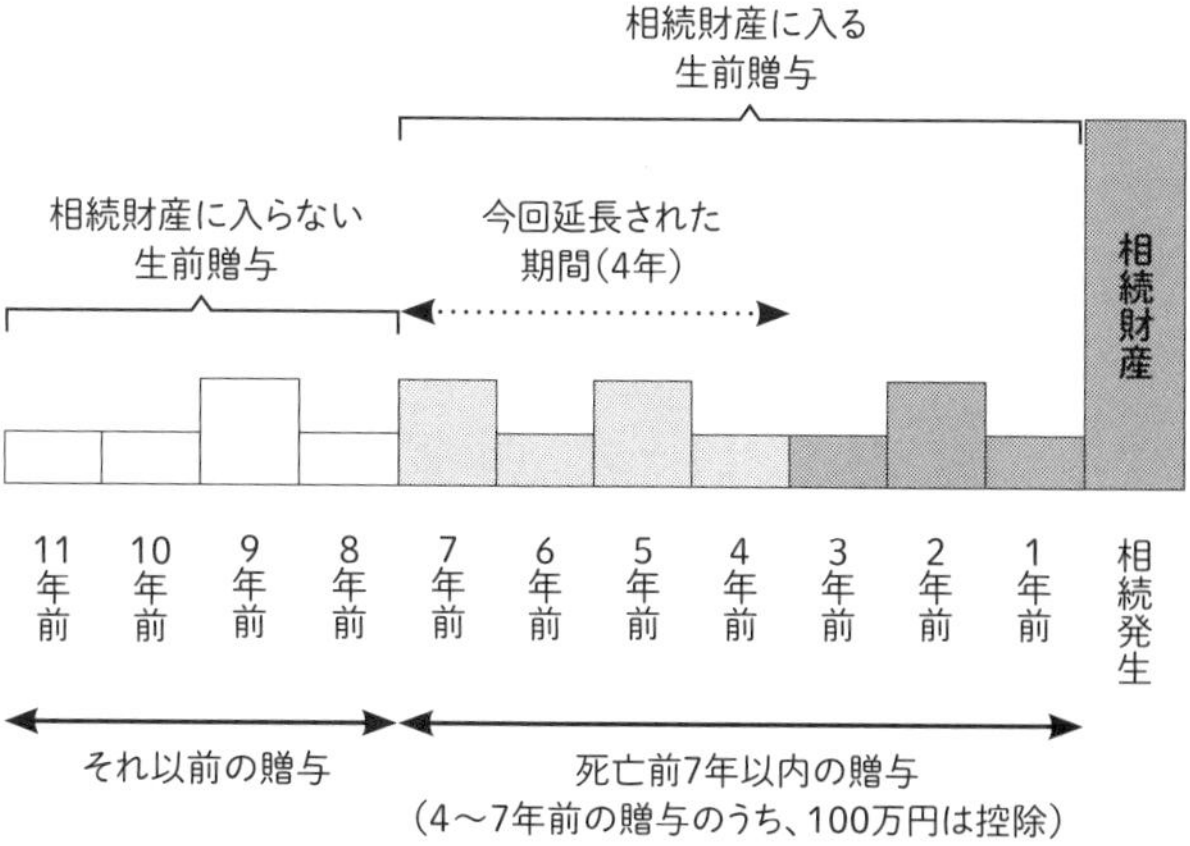

制度があります。この制度は、相続財産に戻して合算することから「持ち戻し」とも呼ばれています。

今回の改正では、その加算期間（持ち戻し期間）が3年から7年に延長されました（図表1）。ただし、いきなり7年に延期されるのではなく、やや複雑な経過措置が設けられました。詳しくは、1章で説明します。

②相続時精算課税の見直し

贈与に対する課税の方法には、暦年課税のほかに「相続時精算課税」があり、どちらかの制度に従うことになります。相続時精算課税は税務署に申請することで選択できる課税方法です。特に申請しなければ、暦年課税が用いられます。

相続時精算課税は、累積2500万円までの贈与ならば贈与税がかかりません。その代わり、贈与した人が亡くなったときには生前の贈与額を相続財産に合算しなければなりません。いわば、相続財産の前渡しと考えるといいでしょう。いつ贈与しても相続税の税額は変わらないため、前項で説明した、「資産移転の時期の選択に中立的な税制」といえます。

ただし、これまでは相続時精算課税は扱いにくかったために、必ずしも普及しているとはいえませんでした。そこで、財務省は相続時精算課税を選択してもらうことを目的として、使い勝手を向上させるための見直しを行いました。詳しくは、２章で説明します。

③教育、結婚・子育て資金の贈与の見直し

教育資金の贈与、結婚・子育て資金の贈与に対しては、従来から非課税措置がありましたが、どちらも利用者が少なくなって廃止されるだろうと予想されていました。しかし、内容の見直しを行ったうえで、教育資金の贈与非課税措置は２０２６年３年末まで、結婚・子育て資金の贈与非課税措置は２０２５年３月末まで、それぞれ適用期限を延長することになりました。この２つを含む贈与の非課税措置については、２章で説明します。

以前から注目を集めていた「暦年贈与」改正の行方

前項で紹介した3つの改正ポイントのうち、特に注目されるのは、①の「生前贈与の相続財産加算期間が3年から7年に延長」されたことです。

これがなぜ注目されるかというと、相続税の節税に広く活用されている「暦年贈与」が利用しにくくなるためです。

ご存じのように、相続税というのは亡くなった方の財産を、遺された配偶者や子どもなどが相続するときにかかる税金のことです。当然のことながら残した財産が多ければ多いほど、あるいは相続した資産の価値が高ければ高いほど、たくさんの税金を払うのが原則です。

もちろん、できれば相続税を安くしたいと誰もが思うことでしょう。たとえば、生きているうちに土地を子どもに贈与したり、預貯金の大半を子どもの口座に振り込んでしまえば、亡くなったときにかかる相続税はぐんと減ります。しかし、これを許すと相続税をまともに払う人はいなくなってしまいます。

そこで、そうした相続税逃れを防ぐため、生前に財産を贈与した段階で、その金額に応じた贈与税という税金をかけるわけです。

このように、相続税逃れを防ぐためにある贈与税ですが、その運用をめぐって公平性に欠けるという声が出てきました。課税の特例である年間110万円の基礎控除や、各種の非課税制度を活用することで、相続税の節税ができるためです。

なかでも、基礎控除の枠内で贈与を繰り返す「暦年贈与」は、節税の大きな武器となってきました。暦年贈与を何年も続けていけば、贈与者（多くの場合は親）の財産は確実に減っていき、相続税が節税できるためです。

しかし、こうした暦年贈与や非課税枠を使った節税に対して、「生前に贈与するか死後に相続するかによって相続税に差が生じるのは不公平だ」というのが、財務省や国税当局の考え方だったのです。

早くやる人、長生きする人ほど得をする

贈与税のかからない暦年贈与を行った場合でも、亡くなる7年前までの贈与については、さかのぼって相続財産に加算しなくてはなりません。ですから、暦年贈与を始めたのが亡くなる直前の場合は、相続税の節税効果はなくなってしまいます。

税制改正前は加算期間が3年だったのですが、今回の改正によって7年に延長となったのはすでに述べた通りです。この4年の差は小さいように見えますが、ケースによっては大きな影響を与えます。

たとえば、亡くなる10年前から毎年110万円ずつ暦年贈与をしたとしましょう。これまでは、直前の3年分にあたる330万円だけが相続財産に加算されたのに対して、改正後は770万円から100万円を控除した670万円が加算されてしまいます。言い換えれば、暦年贈与を続けている途中で亡くなると、暦年贈与のメリットが大幅に減ってしまうのです。

もちろん、税制改正で暦年贈与ができなくなったわけではなく、あくまで相続財産への加算期間が延長されただけです。ですから、早く贈与を開始して、贈与をした人が長生きすれば、暦年贈与のメリットはこれまで通り十分にあります。

従来に増して、贈与を早く始める人、長生きをする人ほど得をすることになったといってよいでしょう。

「駆け込み贈与」をするなら今！

生前贈与した財産の加算期間は3年から7年に延びましたが、新しい「7年ルール」が適用されるのは、2024年1月1日以降の贈与からとなりました。2023年の年末までの贈与ならば、従来の「3年ルール」が適用されます。

つまり、それまでに「駆け込み贈与」をし、贈与後3年以上長生きすれば得になるのです。いわば、2023年限定の最後のチャンスです。生前贈与を考えていた方は、ぜひ2023年中に実行することをおすすめします。

これは、基礎控除の110万円以下の贈与だけではありません。相続税率が高くなる資産家の場合、110万円を超えた贈与をして贈与税を納めたとしても、相続税の節税効果のほうが大きくなる場合があります。それについては、1章で詳しく説明しましょう。

ところで、贈与にまつわる税制改正は昨年のうちにも施行されるのではないかと騒がれていたため、一昨年あたりから駆け込み贈与をする人がかなり増えました。

国税庁が2022年6月に報道発表した資料によれば、2019年から2020年にかけての暦年贈与の贈与税申告納税額の伸び率が0・2%だったのに対して、2020年から2021年にかけての伸び率は30・5%を記録しました。

これは、間違いなく駆け込み贈与があったためでしょう。税制改正の噂の段階でこれだけ伸びたのですから、2022年から2023年にかけては、もっと大幅に伸びるのではないかと私たちは見ています。

コラム　5年前から検討されていた「生前贈与」改正

遅かれ早かれ、「生前贈与」に関する税制改正が行われるだろうというのは、関係者の一致した見方でした。スタートは、２０１８年12月に発表された「平成31年度税制改正の大綱」です。そこには、相続税・贈与税のルール改正に向けて「検討する」とはじめて記されました。

このときから、財務省は生前贈与にかかわる制度の改正を検討していたことがわかります。翌年に発表された「令和2年度税制改正の大綱」でも同様に「検討する」と記されました。

「令和3年度税制改正の大綱」では一歩進んで、次のような記述が加えられました。

諸外国の制度を参考にしつつ、相続税と贈与税をより一体的に捉えて課税する観点から、現行の相続時精算課税制度と暦年課税制度のあり方を見直すなど、格差の固定化の防止等に留意しつつ、資産移転の時期の選択に中立的な税制の構築に向けて、本格的な検討を進める。

わかりやすくいうと、「相続税と贈与税が別々にかけられている現状の制度のもと、富裕層は生前贈与によって相続税の負担を減らしている。これは不公平であるから、外国の制度にならって相続税と贈与税を一体化する方針である」ということです。

最後の「本格的な検討を進める」との一文に財務省の本気度がうかがえたため、関係者の多くは税制改正が間近と見て、経済雑誌を中心に生前贈与の特集が次々に組まれて大騒ぎになりました。

しかし、翌年の「令和4年度税制改正の大綱」でも「本格的な検討を進める」と記されるにとどまり、税制改正は先送りになりました。

そしてついに、「令和5年度税制改正の大綱」で贈与と相続のルール改正が具体的な形で明らかになったのです。

1章

今すぐ始めて得をする「生前贈与」

相続専門税理士が教える「暦年贈与」のテクニック

「暦年贈与」はいつから、どう変わるのか

生前贈与した財産の加算期間が延長されることは以前から予想されていましたが、はたして何年間に延長されるのか、そして、いつの贈与から適用されるかには大きな注目が集まっていました。

延長期間については、専門家会議の間でも5年が適当であるという人もいれば、10年にすべきだという意見もあったようですが、間をとったのか7年に落ち着きました。

いつの贈与から適用されるのかについては、税制改正大綱の発表直前まで予断を許しませんでした。改正された法律が国会を通過するのは2023年3月末に予定されていましたから、最短なら新年度が始まる2023年4月1日から施行されることもありえました。そうなると大変です。

たとえば、すでに2022年に生前贈与をしていて、2026年に亡くなった場合、従来の「3年ルール」ならば相続財産に加算されることはありませんでした。しかし、「7

年ルール」になると期間にひっかかってしまいます。すでに贈与から3年を過ぎて安心していたところに、「いや、プラス4年になりました」といわれては大変です。

でも、ご安心ください。新しい制度は「2024年1月1日以後の贈与について適用する」と明記されました。課税強化になるのですから、さすがに不意打ちみたいなことはやめたのでしょう。2023年12月31日までに贈与を行えば、従来の3年ルールに従うことになったのです。

たとえば、2023年10月30日に贈与をした場合、3年後の当該日である2026年10月30日までに相続が発生しなければ、相続財産に加算されずにすむわけです。残念ながら贈与から3年以内に亡くなった場合、贈与額が相続財産に加算されるのは、従来のルールの通りです。

しかし、2024年に入ってからの贈与になると、7年後まで長生きしないと相続財産に加算されてしまいます。たった4年の違いかと思われるかもしれませんが、生前贈与を検討するような高齢世代の方々にとっては、4年は大きな違いです。もちろん、継続して毎年生前贈与をしている人にとっても、従来より4年分がプラスされて相続税の課税対象になってしまうのですから、やはり大きな問題です。

逆にいえば、生前贈与を考えているならば、なるべく早く実行に移すことが大切です。できれば、制度が変わる前の２０２３年中に贈与できれば、それに越したことはありません。まず、そのことを頭に入れておいてください。

さて、ここまでは贈与する時期をもとにして考えてきましたが、では、相続発生の時期との関係はどうなるのでしょうか。

実は、加算期間が3年からいきなり7年に延びるのではなく、経過措置が設けられることになりました。この措置は、贈与の年と相続の年の関係を含めてかなり複雑ですので、改めて詳しく説明しましょう（69ページ参照）。

□ 相続時にかかる相続税、贈与を受けたときにかかる贈与税

序章でも触れたように、相続税と贈与税には密接な関係があります。生前贈与をうまく活用するには、相続税と贈与税の仕組みを知っておく必要があります。

ご存じのように、相続税というのは亡くなった方の財産を、遺された配偶者や子どもが相続するときにかかる税金のことです。それに対して贈与税というのは、財産を贈る人が健在のうちに、その財産を受け取った人にかかる税金のことです。どちらの税金にも共通するのは、受け取った人が納めるという点と、もらった財産が多ければ多いほど、たくさんの税金がかかるという点です。

その一方で、2つの税金の計算方法には大きな違いがあります。

ここではまず、相続税について、その基本を説明しておきましょう。

「相続」とは、人が亡くなったときに、故人が所有していた財産すべてを、配偶者や子どもなどの相続人に引き継ぐことをいいます。相続人が複数いるときには、相続人全員で遺産分割協議をすることによって、分配する財産の種類や金額を決めます。

現金や預金はそのまま足していけばいいのですが、不動産については、その価値を金額に置き換えて（評価額で）計算します。株券については、相続時点の株価で計算します。

相続税を払わなくてはならないのは、相続財産の総額が一定の金額（相続税の基礎控除）を超える場合です。相続税の基礎控除は、次の式で求められます。

相続税の基礎控除＝3000万円＋（600万円×法定相続人の数）

配偶者と子ども2人が相続する場合、法定相続人は3人になりますから、基礎控除は3000万円＋1800万円＝4800万円になります。子ども2人が相続するケースなら、3000万円＋1200万円＝4200万円になります。

この基礎控除額を超えた相続財産が課税対象となり、そこではじめて相続税の申告が必要になるわけです。たとえば、2億円の相続財産があって法定相続人が3人の場合、2億円－4800万円＝1億5200万円が課税対象額になるわけです。相続財産が基礎控除の範囲内のときは、相続税の申告は必要ありません。

❏相続税はこうして計算する

ただし、ここが重要なポイントなのですが、各人の相続税額を計算するには、課税対象

図表2 相続税速算表

法定相続分に応ずる取得金額（基礎控除の控除後）	税率	控除額
1000万円以下	10%	-
3000万円以下	15%	50万円
5000万円以下	20%	200万円
1億円以下	30%	700万円
2億円以下	40%	1700万円
3億円以下	45%	2700万円
6億円以下	50%	4200万円
6億円超	55%	7200万円

（平成27年1月1日以降）

額をいったん法定相続分で分けたと仮定して、それぞれ仮の相続税額を計算します。つまり、相続人が3人いたら、その3人で分けたあとの金額を相続税の速算表（図表2）にあてはめることで、仮の相続税額を算出するのです。

相続税は累進課税制であり、法定相続分（35ページコラム参照）で受け取れる財産の額によって、最低10%から最高55%の8段階の税率を適用します。そのうえで、そこから控除額を引くことで仮の相続税額を算出します。ここでいう控除額というのは、相続税の基礎控除とは異なり、税額を計算するうえで便宜的に設けられているものです。

たとえば、2億円の相続財産を奥さんと子

ども2人で分けた場合を考えてみましょう。まず課税対象額の1億5200万円を法定相続分に従って分けたと仮定します。すると、配偶者7600万円、子ども1人あたり3800万円となります。これを、相続税の速算表にあてはめます。

法定相続分7600万円の配偶者は、相続税率が30%で、控除額が700万円です。ですから、仮の相続税額は、7600万円×30%－700万円＝1580万円となります。法定相続分3800万円の子どもは、相続税率が20%で、控除額が200万円です。したがって、仮の相続税額は、3800万円×20%－200万円＝560万円ずつになります。

こうして各相続人の仮の相続税額が算出されたら、それを合計することで相続税総額を求めます。このケースでは、1580万円＋560万円＋560万円＝2700万円となるわけです。

最後にその総額を、各人が実際に取得した財産の割合に応じて比例配分することで、それぞれの納税額が決まります。

コラム 「法定相続分」は決まりではなく、あくまでも目安

法定相続分とは、民法で定められているもので、どの法定相続人に、どういう財産を分ければよいかという比率です。配偶者と子どもで相続するときは、配偶者が2分の1、残りの2分の1を子どもが均等に分けます。配偶者がすでに亡く、子どもだけで相続するときは、全体を子どもの数で均等に分けます。

法定相続分は、あくまでも「こうして分けるといい」という基準です。相続人の間で話し合いさえつけば、実際にはどのように分配しても構いません。

相続は1つの家族に2回やってくる

通常、1つの家族において、相続は2回発生します。1回目は片方の親が亡くなるときで、2回目は遺された親が亡くなるときです。

1回目の相続を「一次相続」、2回目の相続を「二次相続」と呼びます。実は、相続税が問題になるのは二次相続の場合がほとんどです。

一次相続では「配偶者の税額軽減」「小規模宅地の評価減」という2つの特例を利用できることが多いので、納税額を低く抑えることができます。ですから、亡くなった人の配偶者や、その家に同居していた子どもは、相続税を払わずにすむ場合が多いのです。

しかし、そうした優遇措置が少ない二次相続では、相続税を払わなければならないケースが増えてきます。そのため、暦年贈与や非課税措置が効果を発揮するのは、主に二次相続の場合なのです。

本書でも、特に言及をしない限り、二次相続を念頭に説明していくことにします。

コラム　**一次相続で使える２つの特例**

一次相続の際には、一般的には以下の２つの税額軽減措置を使うことができます。

①配偶者の税額軽減

配偶者に先立たれた人に対しては「配偶者の税額軽減」という相続税計算上の特例があり、課税価格が次のa、bのどちらか多い金額まで、配偶者には相続税がかかりません。

a　１億６０００万円

b　法定相続分（通常は２分の１）相当

②小規模宅地の評価減

相続した家屋に住み続ける場合に使える優遇措置です。３３０平方メートルまでという限度がありますが、自宅の土地評価額が８割安くなります。

「贈与を受けた人」が支払うのがルール

相続についての基本が理解できたところで、本書のテーマである贈与について見ていきましょう。

贈与税とは、財産をもらったときにかかる税金です。財産をもらったときにかかる税金という意味では相続税に似ています。違うのは、財産を与えた人が生きているうちなのか、それとも亡くなってからかによります。

現金を贈ることはもちろん、不動産や株券、宝石などを無償で譲ることも贈与とされます。あるいは、借金を棒引きにしてもらうことも贈与とされます。贈与は、親や祖父母からだけでなく、親戚の人や赤の他人から受けるケースもあります。

ちなみに、会社などの法人から財産をもらったときに贈与税はかかりませんが、その代わりに所得税がかかります。

図表3 贈与税の速算表（特例税率）

◉18歳以上の者（子、孫など）が直系尊属から贈与を受けた場合

基礎控除後の課税価格	税率	控除額
200万円以下	10%	－
400万円以下	15%	10万円
600万円以下	20%	30万円
1000万円以下	30%	90万円
1500万円以下	40%	190万円
3000万円以下	45%	265万円
4500万円以下	50%	415万円
4500万円超	55%	640万円

図表4 贈与税の速算表（一般税率）

◉きょうだい間の贈与、夫婦間の贈与、親から子への贈与で子が未成年者の場合など

基礎控除後の課税価格	税率	控除額
200万円以下	10%	－
300万円以下	15%	10万円
400万円以下	20%	25万円
600万円以下	30%	65万円
1000万円以下	40%	125万円
1500万円以下	45%	175万円
3000万円以下	50%	250万円
3000万円超	55%	400万円

（平成27年1月1日以降）

□相続税より高い贈与税の税率

誤解されがちですが、贈与税は財産を受け取った人が払う税金です。もし、財産を贈った人が贈与税を肩代わりすれば、それも贈与税の対象になってしまいます。

税額は贈与した財産の金額に応じて課せられます。現金ならば金額そのものですが、土地や建物の場合は、その評価額をもとにします。

もし、相続税だけがあって贈与税が存在しなければ、序章でも述べたように、親は生きているうちに預金をどんどん子どもにあげてしまったり、不動産や株券の名義を子どもに書き換えてしまうことでしょう。そうした抜け道を防ぐために、贈与税が存在しているとも考えられます。

そのため贈与税は、相続税と比べて累進性がきつくなっています。つまり、贈与した財産の額が高くなるのに従って、贈与税の税率はどんどん高くなっていくのです。

さらに、相続発生時からさかのぼって7年以内の贈与については、相続財産に加算されてしまうという規定が設けられています。これだけ聞けば、相続税よりも贈与税のほうが、かなり厳しいと感じるかと思います。

しかし、実際にはそうとは限りません。相続税と贈与税の仕組みを知ってうまく活用すれば、生前に贈与したほうが節税になることがあるのです。

❏財務省が目をつけた「3億円の壁」

今回の税制改正で一番の目玉は、相続税と贈与税の税率や仕組みの違いを利用した節税にメスを入れることでした。今回の改正にあたって財務省主計局は、亡くなった人の遺産総額別に、相続税と贈与税の負担率を比較したグラフを公表しています（図表5）。

それによると、遺産総額2億円超3億円以下の場合は、贈与税の負担率のほうが高いことがわかります。つまり、贈与することによって相続税が安くなるよりも、贈与時に払う贈与税のほうが高いから贈与をしても損だということです。

一方、資産3億円超の場合は、贈与税よりも相続税の負担率のほうが高くなっています。

図表5 相続税と贈与税の負担率の比較

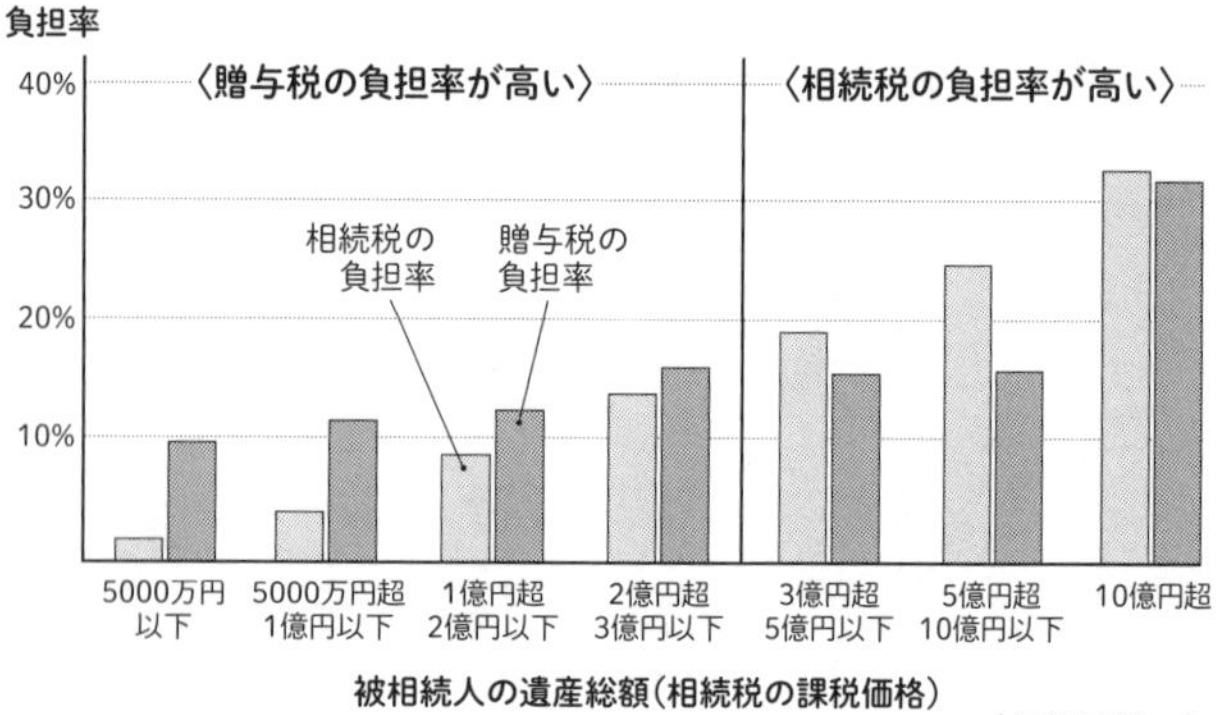

(主税局調べ)

遺産総額3億円以下の場合は相続税より贈与税の負担率が高いが、3億円を超えると相続税の負担のほうが重くなる。

贈与税を払っても相続税が安くなるので、生前贈与をして贈与税を支払ったほうが有利だというわけです。

つまり、資産3億円を境にして、相続税と贈与税の負担率が逆転しているのです。この現象を私たちは「3億円の壁」と呼んでいます。

同時に公表された別の資料では、相続税が発生したケースのうち、遺産が3億円以下だった人の割合は約93%だということも示されました。財務省から見れば、「わずか7%にあたる3億円超の層が、相続税で支払うべき税金を、暦年贈与によって税逃れしているのは不公平でありけしからん」ということなのでしょう。だから、その層を対象に増税すべきだというのが財務省の考えであると読み取れます。

それでも、贈与が相続税対策の王道である理由

では、生前贈与をすると、なぜ相続税対策になるのでしょうか。

それは、序章でも触れたように、贈与をした分が相続財産から外れるためです。贈与すれば、それだけ親の資産は減ります。そうすれば、親が亡くなっていざ相続となったときに、減った資産を対象にして相続税がかかるわけです。

たとえば、もともと親の資産が1億円あり、生前に子ども2人に1000万円ずつの贈与をしたとします。その親が亡くなって相続が行われると、親の資産は8000万円になります。

ただし、先ほどの相続税（図表2）と贈与税（図表3）の表を比べればわかるように、贈与税は相続税よりも税率が高く設定されています。

「じゃあ、わざわざ生前に贈与をして贈与税を払うのでは損ではないか。亡くなるまで贈与をせずに相続したほうが税金が安くなって子どものためにもなるのでは？」

誰もがそう思うことでしょう。ところが、実際には必ずしもそうではありません。年間110万円の基礎控除や、各種の贈与税非課税制度があるために、生前に贈与したほうが得な場合もあるのです。

課税のボーダーラインは110万円

贈与税は、原則として「暦年課税」という方式で課税します。暦年とは文字通り、暦の1年のことです。1月1日から12月31日までに受けた贈与の合計額に課税する方式のことで、翌年の2月1日から3月15日までに申告します。

重要なのは、この制度をとると年間110万円の基礎控除が認められる点です。1年間に受けた贈与額が110万円以下ならば贈与税はゼロであり、110万円を上回った場合は、贈与額から110万円を引いた金額に対して課税されます。

たとえば、５００万円を贈与されたら、５００万円から１１０万円を引いた３９０万円が課税の対象になるわけです。

これを39ページの図表３の贈与税の速算表（税率表）にあてはめてみましょう。課税対象額に該当する税率をかけ、控除額を差し引くと贈与税の金額が算出できます。なお、ここでいう控除額（速算控除）というのは、１１０万円の基礎控除とは違い、税額を計算するうえで便宜的に設けられているものです。

さて、先ほどの例で課税対象額が３９０万円の場合、税率が15％で控除額が10万円ですから、贈与税は３９０万円×15％－10万円＝48万５０００円になります。

図表３は、親や祖父母など、直系尊属から贈与を受けた場合の税率（特例税率）を示しています。なお、図表４はそれ以外の親族や他人からの贈与の税率（一般税率）となり、これよりも多少高くなります。

今回の税制改正によって、年間１１０万円の基礎控除が廃止、または縮小されるかもしれないと心配されましたが、従来のまま存続することになりました。

年110万円の贈与を10年続けてみると…？

もともと基礎控除は課税の便宜のために設けられたとされていますが、経済の活性化をにらんで徐々に引き上げられてきたという歴史があります。現在の110万円になったのは2001年度からで、それまでは60万円でした。

この基礎控除を節税に利用したのが、「暦年贈与」という資産移動の手法です。

1年間に受けた贈与額が110万円以下ならば贈与税がゼロであるのは、前述の通りです。加えて、課税方式は暦年単位で行いますので、翌年になると贈与額はリセットされて、また110万円までの贈与が非課税で受けられます。

そこで、親が子どもに対して年間110万円ずつの現金を10年間贈与したと仮定しましょう。毎年の贈与額は基礎控除の範囲内ですから、贈与税はゼロのままです。その一方で、資産は1100万円減ったことになります。資産が減ったので、相続が発生した（亡くなった）ときにかかる相続税も減ることになり、節税になるという仕組みです。

しかも、年間110万円という基礎控除の枠は、財産を受け取る人が1年間にもらう総額を差しています。財産を贈る側に制限はありません。子ども2人に20年間贈与すれば4400万円減ります。資産家にとってみれば、これを使わない手はないという節税策といってよいでしょう。

贈与する相手は子どもだけでなく、配偶者でも孫でも構いません。親族でなくてもオーケーです。贈与する相手が多ければ多いほど、期間が長ければ長いほど、それだけ節税効果が高くなるのはおわかりでしょう。

さらに相続と違って、贈与は毎年自由なタイミングでできるのも使い勝手がいいといえます。

逆に、もらう側の立場からすると、2人以上から贈与を受けている人は要注意です。父親から80万円をもらい、祖母から100万円をもらうと、合計で180万円になって課税の対象となってしまいます。この場合、翌年の2月1日から3月15日までに贈与税の申告をしなければなりません。180万円から基礎控除の110万円を引いた70万円が贈与税の課税対象となり、7万円を支払うことになります。

比べてみると一目瞭然！　暦年贈与の節税額

では、暦年贈与によって、どれだけ節税できるのでしょうか。

贈与税による節税額は、「非課税で贈与した金額（＝相続財産から減らせた金額）」に「相続税の税率」をかけることで算出できます。もし贈与しなければ、それだけの相続税を払わなければならなかったわけです。

節税額＝非課税贈与額×相続税の税率

このうち、相続税の税率は、前述のように資産規模と相続人数によって変わってきます。

具体的な節税額がどれだけになるのかを見ていきましょう。

二次相続で、子ども2人がそれぞれ110万円の暦年贈与を10年間受けた場合、非課税贈与額の合計は次のように2200万円になります。

110万円×2人×10年間＝2200万円

では、これによってどれだけ相続税が節税できるのでしょうか。資産（課税評価額）が1億円、2億円、3億円の場合に分けて計算したのが、図表6です。

暦年贈与を活用して2200万円を贈与したことで、これだけの節税になったわけです。子どもの数が多かったり、長い年月にわたって贈与をしていれば、節税効果はさらに大きくなります。

ちなみに、資産1億円というと、「うちはそんなに財産がないから関係ない」と思うかもしれませんが、東京都区内に自分の土地を持って住んでいる人のかなりの割合が、資産規模1億円に達すると考えられます。

図表6 生前贈与(暦年贈与)をすると、相続税が安くなる

子ども2人に年110万円の暦年贈与を10年間行った場合、合計2200万円となる。
1人あたり年110万円の贈与は非課税のため、贈与税はかからない。

［資産1億円では…330万円の節税］

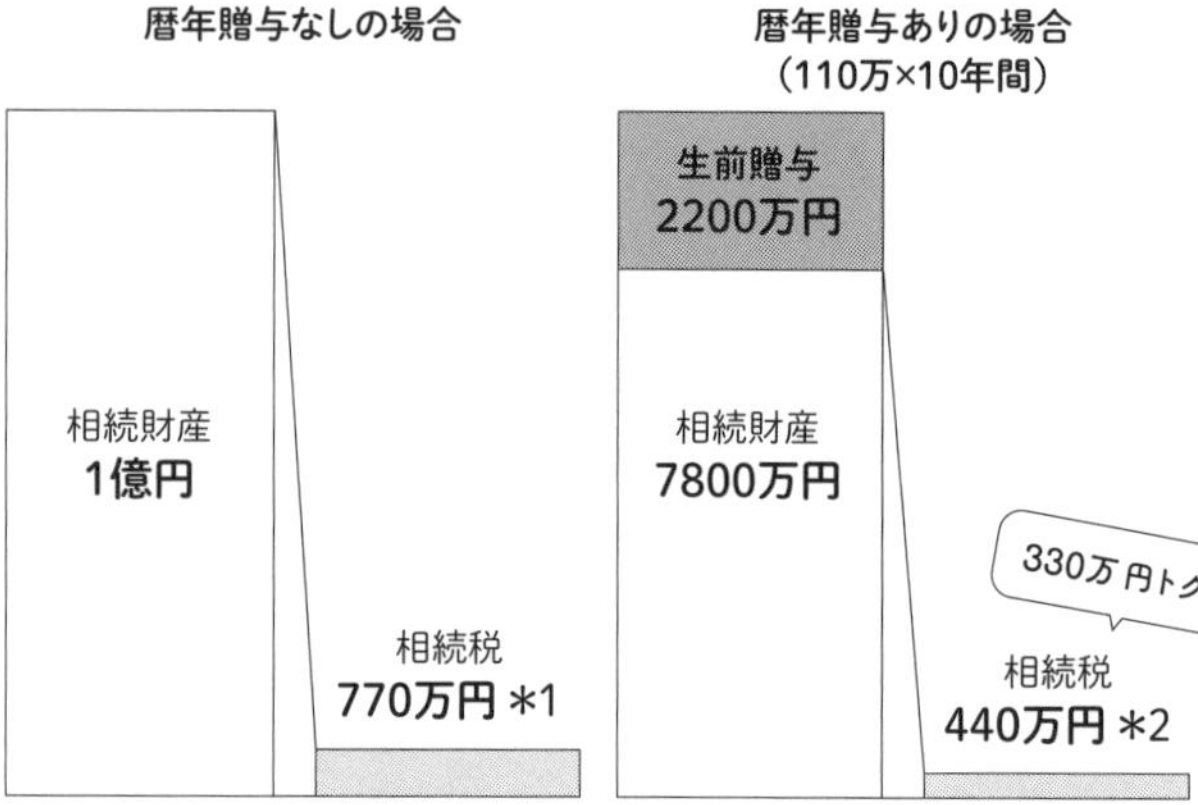

＊1 計算式

相続財産合計　1億円－4200万円(基礎控除)＝5800万円
子ども1人あたりの相続財産　5800万円÷2＝2900万円
子ども1人あたりの相続税額　2900万円×15％(相続税率)－50万円(控除額)＝385万円
相続税合計　385万×2人＝770万円

＊2 計算式

相続財産合計　1億円－4200万円(基礎控除)－2200万円(生前贈与)＝3600万円
子ども1人あたりの相続財産　3600万円÷2＝1800万円
子ども1人あたりの相続税額　1800万円×15％(相続税率)-50万円(控除額)＝220万円
相続税合計　220万×2人＝440万円

［資産2億円では…660万円の節税］

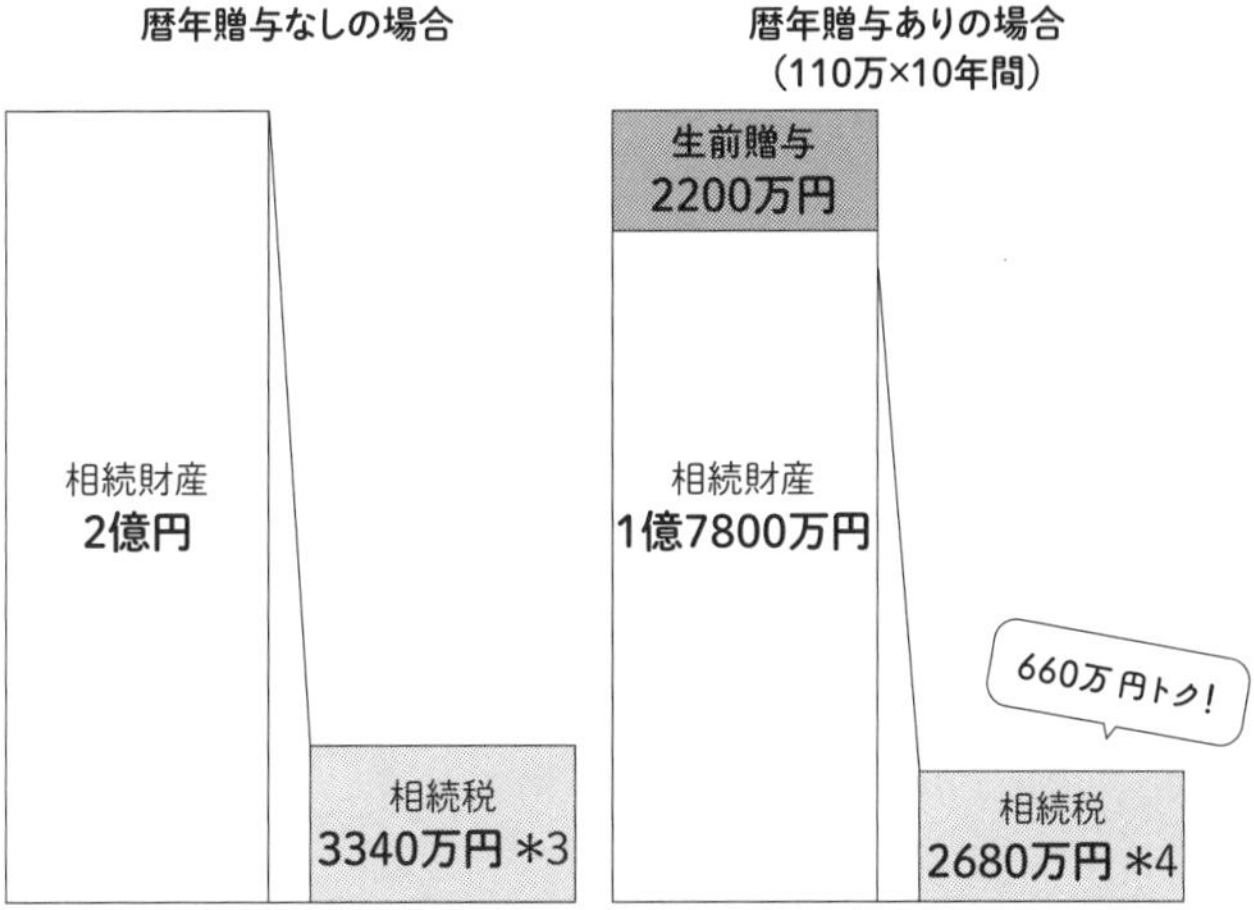

＊3 計算式

相続財産合計　2億円－4200万円（基礎控除）＝1億5800万円

子ども1人あたりの相続財産　1億5800万円÷2＝7900万円

子ども1人あたりの相続税額　7900万円×30％（相続税率）－700万円（控除額）＝1670万円

相続税合計　1670万×2人＝3340万円

＊4 計算式

相続財産合計　2億円－4200万円（基礎控除）－2200万円（生前贈与）＝1億3600万円

子ども1人あたりの相続財産　1億3600万円÷2＝6800万円

子ども1人あたりの相続税額　6800万円×30％（相続税率）-700万円（控除額）＝1340万円

相続税合計　1340万円×2人＝2680万円

［資産3億円では…880万円の節税］

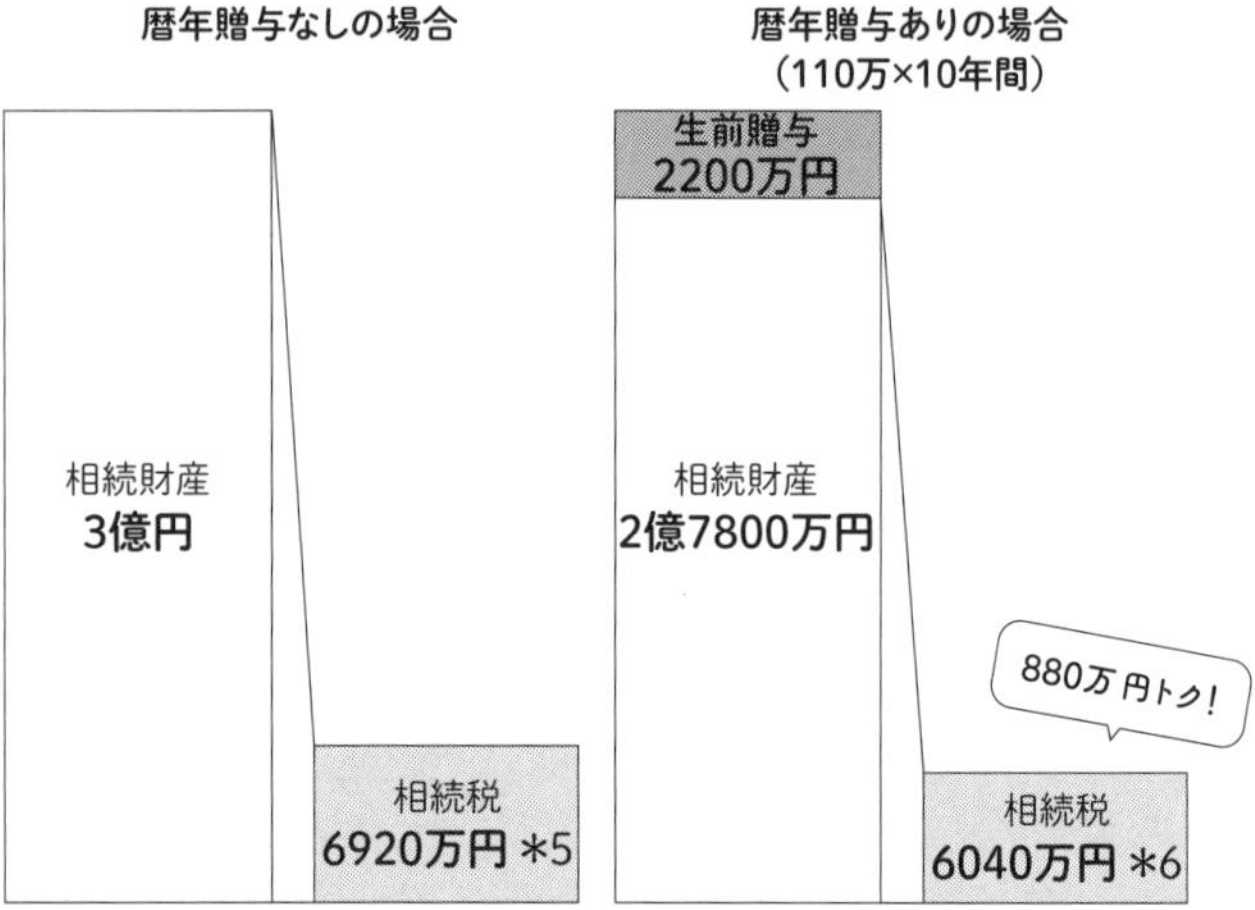

＊5 計算式

相続財産合計　3億円－4200万円（基礎控除）＝2億5800万円

子ども1人あたりの相続財産　2億5800万円÷2＝1億2900万円

子ども1人あたりの相続税額　1億2900万円×40％（相続税率）－1700万円（控除額）＝3460万円

相続税合計　3460万×2人＝6920万円

＊6 計算式

相続財産合計　3億円－4200万円（基礎控除）－2200万円（生前贈与）＝2億3600万円

子ども1人あたりの相続財産　2億3600万円÷2＝1億1800万円

子ども1人あたりの相続税額　1億1800万円×40％（相続税率）-1700万円（控除額）＝3020万円

相続税合計　3020万円×2人＝6040万円

税務署に狙われやすい、暦年贈与の落とし穴

暦年贈与は相続税節税にとって強力な武器となります。ところが、毎年基礎控除110万円の枠内できちんと暦年贈与していたつもりが、税務署に認められずに、相続税をがっぽりとられたという事象も発生しています。

その1つが、税務署に「定期贈与」とみなされるケースです。

毎年、子や孫に一定額の贈与をしようと思い立ったとき、次のように考える人が多いでしょう。

「忘れることがないように、孫の誕生日に毎年100万円ずつ送金してやろう」

それを10年間続ければ、贈与額は1000万円になって、相続が発生したときに、その分を課税対象額から減らすことができると考えるかもしれません。

ところが、そこに落とし穴があります。このように、毎年同じ相手から一定の額を一定の時期に贈与されることを「定期贈与」と呼びますが、税務署はこの定期贈与に対して大

きな関心を持ってチェックしています。

なぜかというと、「あらかじめ1000万円という大きな財産を、分割して贈与するつもりだった」と判断するためです。そうみなされると、贈与した1000万円に対して贈与税が課されてしまいます。

定期贈与と判断されないためには、贈与のたびに「贈与契約書」を作成しておくのが一番です。贈与するかしないか毎年意思決定を表明するためです。これは特に決まったフォーマットはなく、ワープロソフトで印刷したものでも構いません。贈与する人と受ける人の名前を記し、金額と方法などを明記したうえで、お互いが1通ずつ保管しておきます。

もっとも、親子や祖父母と孫の間の贈与で、そこまでする人はほとんどいないのが実情です。しかし、このちょっとした手間が、のちの相続税節税につながります。日付をごまかしていないことを証明するために、公証役場で確定日付の手続きをすれば完璧です。

❏ あえて110万円を超える贈与をすることのメリット

でも、家族の間で贈与契約書を書いたり、公証役場に行ったりするのは面倒だという人も多いでしょう。

そんな人には、「贈与されたことを申告して贈与税を納税する」ことで、贈与の証拠を残すという方法があります。

そんなことをいうと、「節税の方法を知りたいのに、なぜ贈与税を払わなくてはならないのか?」と疑問に思われるかもしれません。しかし、多額の贈与税を払うわけではありません。基礎控除額よりもわずかに多い額を贈与して、最低限の金額を納税するのです。

具体的には、次のようにします。

毎年、基礎控除額よりもわずかに多い金額、たとえば120万円を贈与されたとします。すると、非課税の110万円の枠を10万円オーバーします。この10万円に対しては10%の贈与税が課せられるので、もらった子どもは1万円を納税する必要があります。

贈与契約書（未成年用）

贈与者・　　　　　　　を甲とし、受贈者・　　　　　　　を乙として、甲乙間で、次の通り贈与契約を締結した。

第１条　甲は、乙に対して、現金　　　　　　　円を贈与することを約し、乙はこれを承諾した。
第２条　甲は、当該贈与にあたり、乙の指定口座に対して、令和　年　月　日までに上記現金を振り込むことにより、これを履行するものとする。

上記の通り、甲乙間の贈与契約を締結したので、本書を作成し、甲・乙署名押印のうえ、各１通を保管する。

令和　　年　　月　　日

（贈与者・甲）住所

氏名　　　　　　　　　　　　　印

（受贈者・乙）住所

氏名

（受贈者の親権者）住所

氏名　　　　　　　　　　　　　印

（受贈者の親権者）住所

氏名　　　　　　　　　　　　　印

贈与契約書（成年用）

贈与者・　　　　　　　　を甲とし、受贈者・　　　　　　　　を乙として、甲乙間で、次の通り贈与契約を締結した。

第１条　甲は、乙に対して、現金　　　　　　　円を贈与することを約し、乙はこれを承諾した。
第２条　甲は、当該贈与にあたり、乙の指定口座に対して、令和　年　月　日までに上記現金を振り込むことにより、これを履行するものとする。

上記の通り、甲乙間の贈与契約を締結したので、本書を作成し、甲・乙署名押印のうえ、各１通を保管する。

令和　　年　　月　　日

（贈与者・甲）住所

氏名　　　　　　　　　　　　印

（受贈者・乙）住所

氏名　　　　　　　　　　　　印

この1万円の納税こそが、「私は確かにこれだけの金額を贈与されました」と証明する強力な証拠となるのです。相続税が確実にかかることがわかっている人は、このように贈与税を払っておくほうが、長い目で見ると得をします。

この方法は、3章で紹介する「名義預金」と疑われないための対策としても有効です。

現行ルールのうちに「駆け込み贈与」をするときのポイント

2024年1月1日以降の贈与に対しては、加算期間が延長されましたが、それまでにどのような準備をすればよいのでしょうか。

何よりも重要なのは、2023年のうちに相続税が最大限に節税されるような贈与をしてしまうことです。いわば、税制改正前の「駆け込み贈与」です。

もちろん110万円の贈与なら贈与税がかかりませんが、税制改正はもうすぐ目の前です。2023年に110万円を1回贈与しただけでは節税効果は限られています。

では、どういう贈与をすれば節税効果が高いのでしょうか？

それは、贈与税と相続税を計算するとわかります。110万円以上の贈与をして贈与税を払っても、それ以上に相続税が安くなる金額があるのです。

「贈与税を払ってまで贈与して、本当に得なの？」と不思議に思われるかもしれませんが、それを私たちは計算し、1年間でいくら贈与すれば一番節税できるか、一覧表にまとめました（図表7）。

節税額を左右する条件は、次の3つの要素にかかってきます。

①子どもの人数（人数によって相続税の金額が変化するため）
②親（被相続人）の財産額
③贈与金額

この早見表では、二次相続（配偶者なし）で子どもの人数が1人～4人の場合に分けて、親の財産額ごとに、1年間でいくら贈与すればどれだけの節税効果があるのかがひと目でわかるようになっています。

図表7 贈与節税早見表（1年間、1人あたりの金額）

二次相続（親世代の財産を子世代が引き継ぐ）の際に、資産別、子どもの人数別に、最大の節税効果をもたらす贈与額を計算。
表中の数字は、1年間に子ども１人に贈与した際の節税額。
の部分が節税効果がもっとも高い。

［計算式］

（相続税減額）＝贈与金額×相続税の税率
（贈与税増額）＝（贈与金額－110万円）×贈与税の税率－贈与税速算控除（39ページ）

（贈与による節税額）
＝相続税減額－贈与税増額
＝贈与金額×相続税の税率－{(贈与金額－110万円）×贈与税の税率－贈与税速算控除}
＝贈与金額×（相続税の税率－贈与税の税率）＋贈与税速算控除＋110万円×贈与税の税率

●子ども１人の場合の節税金額

贈与金額	資産					
	1億円	2億円	3億円	5億円	8億円	15億円
110万円	33万円	44万円	49.5万円	55万円	60.5万円	60.5万円
310万円	73万円	104万円	119.5万円	135万円	150.5万円	150.5万円
510万円	103万円	154万円	179.5万円	205万円	230.5万円	230.5万円
710万円	123万円	194万円	229.5万円	265万円	300.5万円	300.5万円
1110万円	123万円	234万円	289.5万円	345万円	400.5万円	400.5万円
1610万円	52万円	234万円	314.5万円	395万円	475.5万円	475.5万円
3110万円		159万円	314.5万円	470万円	625.5万円	625.5万円
4610万円		9万円	239.5万円	470万円	700.5万円	700.5万円
4620万円		7.5万円	238.5万円	469.5万円	700.5万円	700.5万円

節税金額合計 123万円

節税金額合計 234万円

●子ども２人の場合の節税金額（1人あたり）

贈与金額	資産					
	1億円	2億円	3億円	5億円	8億円	15億円
110万円	16.5万円	33万円	44万円	49.5万円	55万円	60.5万円
310万円	**26.5万円**	73万円	104万円	119.5万円	135万円	150.5万円
510万円	26.5万円	103万円	154万円	179.5万円	205万円	230.5万円
710万円	16.5万円	**123万円**	194万円	229.5万円	265万円	300.5万円
1110万円		123万円	**234万円**	289.5万円	345万円	400.5万円
1610万円		73万円	234万円	**314.5万円**	395万円	475.5万円
3110万円			159万円	314.5万円	**470万円**	625.5万円
4610万円			9万円	239.5万円	470万円	**700.5万円**
4620万円			7.5万円	238.5万円	469.5万円	700.5万円

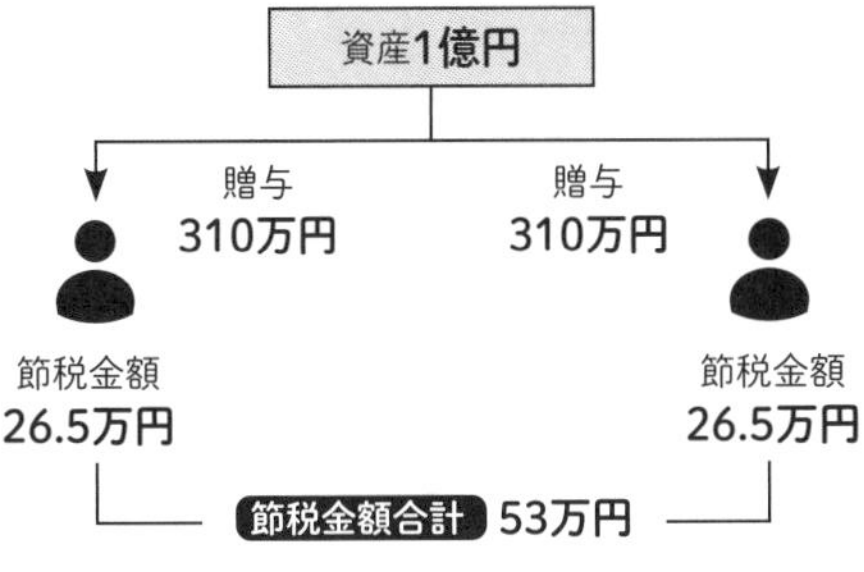

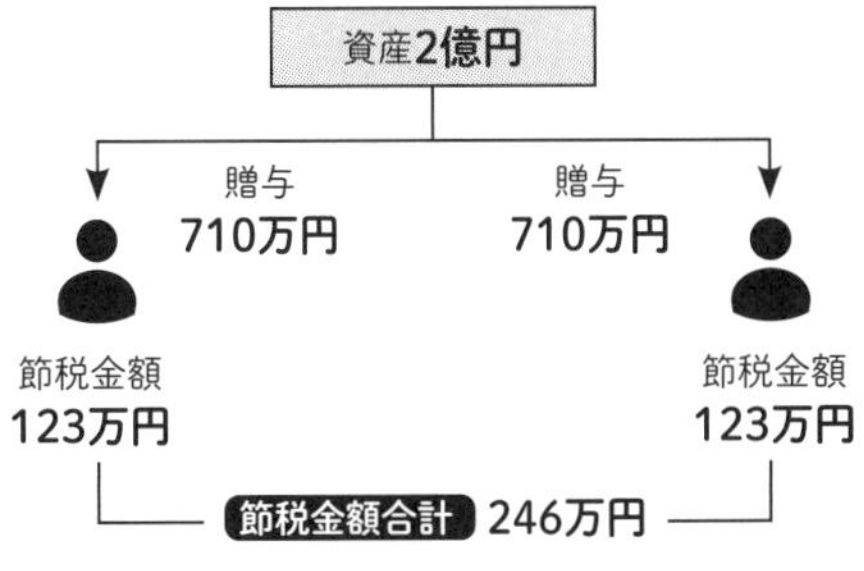

◉子ども３人の場合の節税金額（1人あたり）

贈与金額	資産					
	1億円	2億円	3億円	5億円	8億円	15億円
110万円	16.5万円	33万円	33万円	44万円	49.5万円	55万円
310万円	**26.5万円**	62万円	73万円	104万円	119.5万円	135万円
510万円	26.5万円	**72万円**	103万円	154万円	179.5万円	205万円
710万円	16.5万円	72万円	**123万円**	194万円	229.5万円	265万円
1110万円		32万円	123万円	**234万円**	289.5万円	345万円
1610万円			73万円	234万円	**314.5万円**	395万円
3110万円				159万円	314.5万円	**470万円**
4610万円				9万円	239.5万円	470万円
4620万円				7.5万円	238.5万円	469.5万円

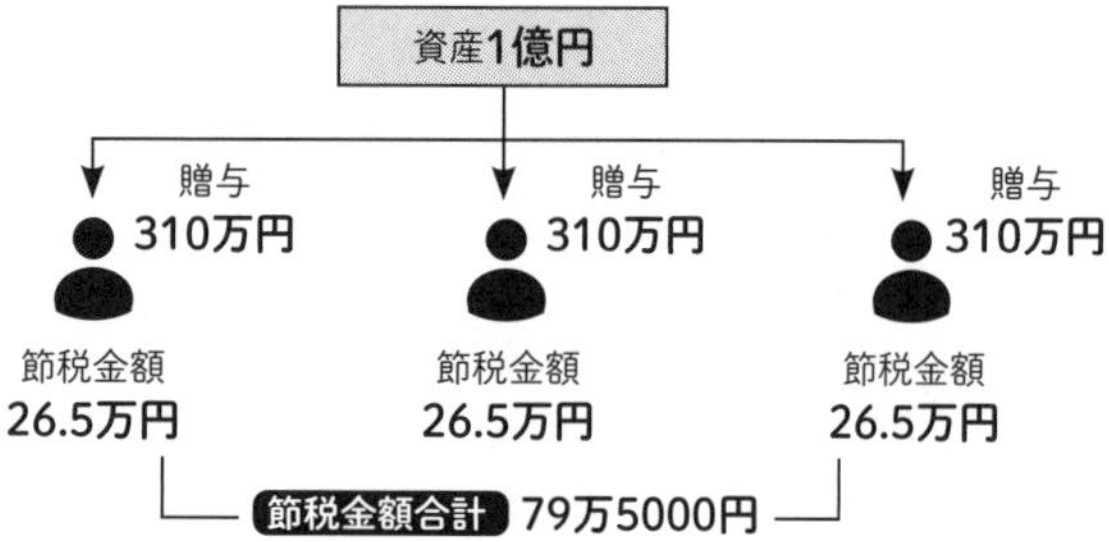

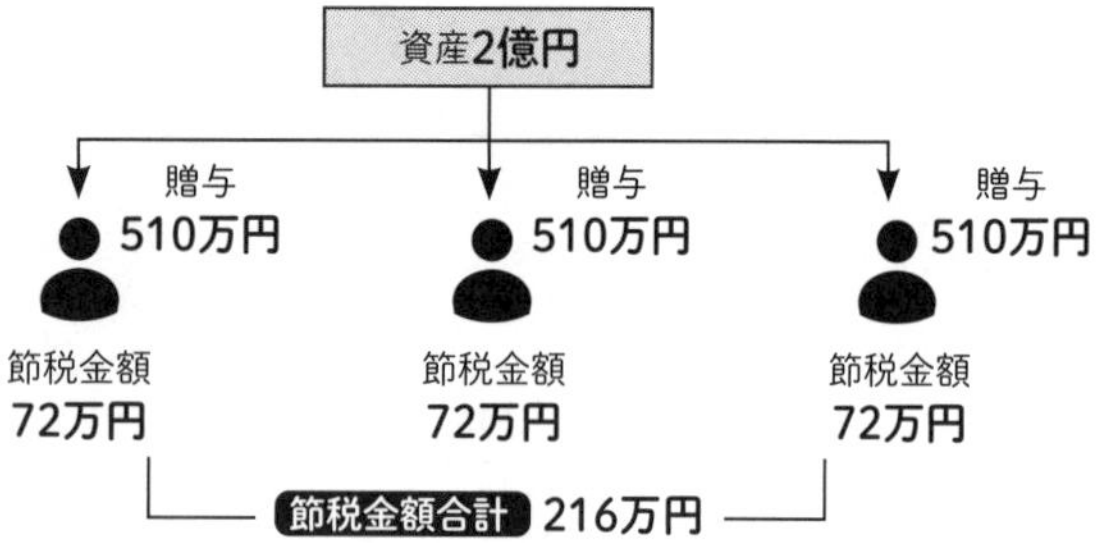

◉子ども４人の場合の節税金額（1人あたり）

贈与金額	資産					
	1億円	2億円	3億円	5億円	8億円	15億円
110万円	16. 5万円	22万円	33万円	44万円	44万円	55万円
310万円	**26. 5万円**	42万円	73万円	104万円	104万円	135万円
510万円	26. 5万円	**52万円**	103万円	154万円	154万円	205万円
710万円	11万円	52万円	**123万円**	194万円	194万円	265万円
1110万円		12万円	123万円	**234万円**	**234万円**	345万円
1610万円			73万円	234万円	234万円	395万円
3110万円				159万円	159万円	**470万円**
4610万円				8万円	9万円	470万円
4620万円				5. 5万円	7. 5万円	469. 5万円

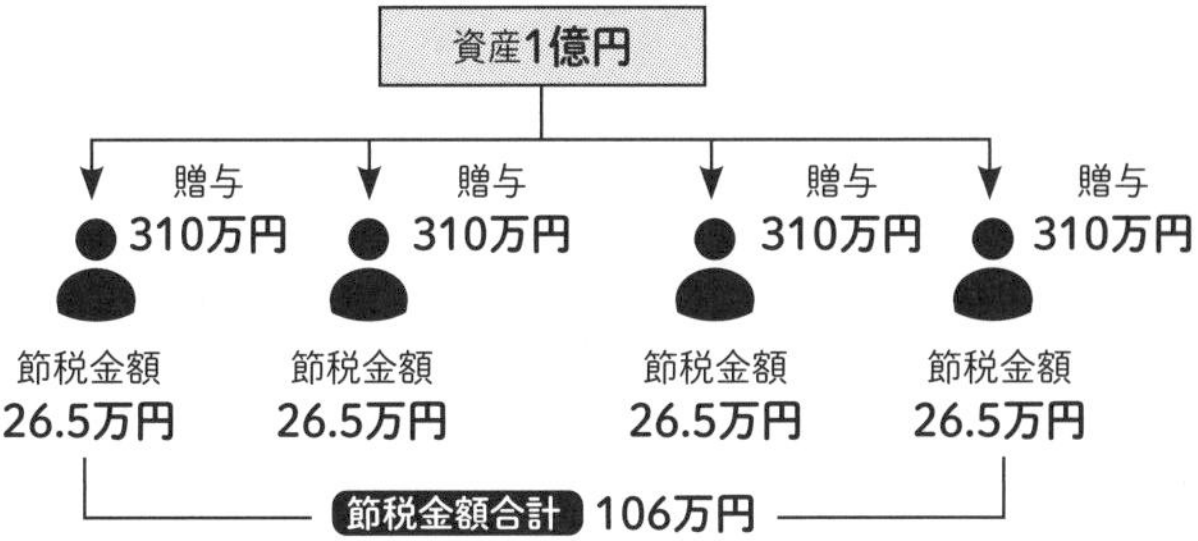

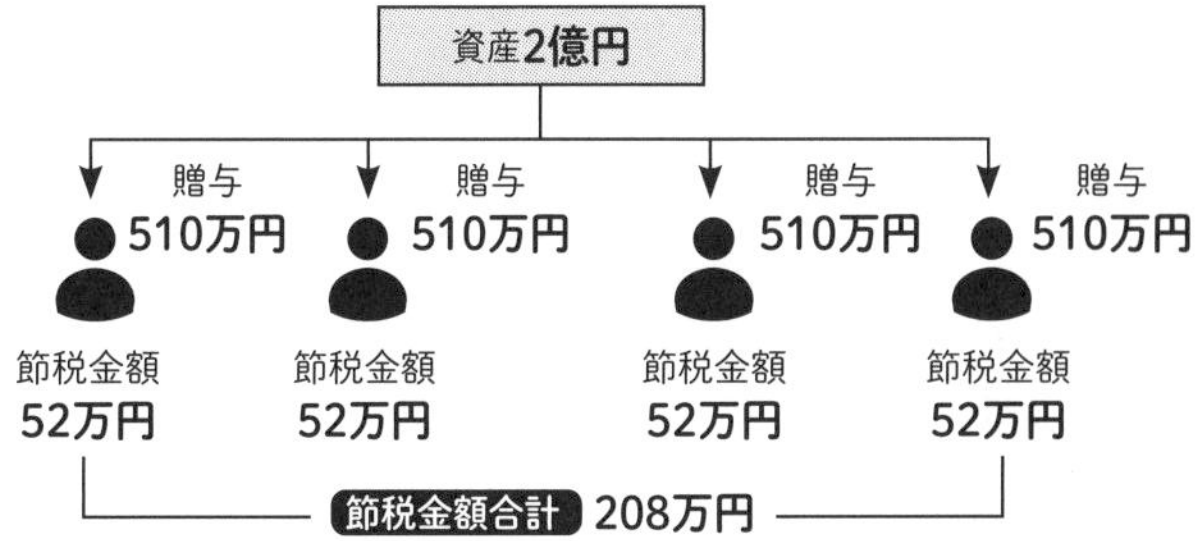

表の横軸は親の資産額（相続税課税価格）を示しています。1億、2億、3億、5億、8億、15億に分けました。縦軸は贈与金額を示しています。

そして、親の資産と贈与金額が交わったマス目に書かれているのが、節税できる額です。アミかけ部分の数字が、節税額が最大になる「最適贈与額」です。数字が書かれていないマス目は節税効果がないことを示しています。

たとえば、子ども1人の場合で、資産3億円を例にとって説明しましょう。「3億円」の列のうちでアミかけしているマス目を見ると、そこには「314・5万円」とあります。このマス目を左にたどると、贈与金額「1610万円」と書かれていることがわかります。

つまり、資産が3億円で子ども1人の場合、子どもに1610万円を贈与すると、節税額が最大の314・5万円になることを意味しています。これが最適贈与額です。

贈与額が1610万円より多くても少なくても、節税効果が薄れてしまいます。3110万円を贈与しても、同じく314・5万円の節税が期待できます。しかし、同じ節税額ならば贈与額が少ないほうが効率がいいので、1610万円のところを節税額最大としています。

子どもが2人の表でも、基本的に見方は同じです。ただし、表の中で示した贈与額というのは、子どものうちの1人だけに贈与した場合の金額を表しています。

資産が3億円の場合、2人のうち1人に1110万円を贈与すれば、節税額を最大の234万円にできます。つまり、1110万円が最適贈与額です。2人ともに贈与をすれば、この2倍の468万円の節税になります。

子どもが少ないほうが相続税の税率が高いので、贈与額に対する節税額は大きくなります。他方、子どもの数が増えれば、全員に贈与すればその分だけ節税効果も高くなるわけです。

「駆け込み贈与」なら、いくら贈与するべきか

もちろん、基礎控除の枠内である110万円を贈与した場合には、贈与税がゼロで、しかも財産が減るので、当然ながら節税効果があります。しかし、これらの表から読み取れるように、もっと高額の贈与のほうが節税効果が高くなることがあるのです。これまでは、

高額の贈与は税率が高いので損であると考えられてきましたが、そうではないことが証明されました。

さらに、税制改正によって加算期間が7年に延長されることが決まった現在、2023年中に駆け込み贈与をするならば、最適贈与額にかかわらず多額の贈与をしたほうが得策かもしれません。加算期間が短いうちに、なるべく多くの資産を贈与しておくのも1つの手です。

ところで、「何億円もの資産を持つ人が、100万円や200万円程度の節税を気にするのか」と思う方もいるかもしれません。

しかし、相続税は原則として現金で支払わなければなりません。いくら資産総額が大きくても、その大半が不動産の評価額という人は多いでしょう。簡単な手続きをするかしないかでキャッシュで何百万円も節約できるとなれば、活用したいのは当然のことです。それで車が1台買えると思えば、大きな違いです。ぜひ、最適な贈与を考えていただきたいと思います。

ここまでは二次相続を前提として計算しましたが、生前贈与を一次相続対策としてやる場合はどうなるのかという質問をよく受けます。つまり、夫婦のどちらかが亡くなって（私たちがとっているデータでは、男性が先に亡くなる場合が8割強です）、その配偶者が遺されたケースです。

実は、相続税節税は一次相続と二次相続の合計で考えますので、一次相続で配偶者にどう遺産分割するかによって違ってきます。そのために、はっきりした答えを出すのは難しくなります。それでも大まかにいえば、先ほどの配偶者なしの場合と同じ金額を、子どもさんに贈与することをおすすめしています。

贈与をするときの注意点

生前贈与による節税効果だけを考えていると、いろいろ問題が発生することがあります。いくつか注意点を記しておきましょう。

第一に頭に入れておきたいのは、贈与を行う財産の種類です。一番扱いやすいのは、現金・預金です。子どもや孫の銀行口座に振り込むだけならば、銀行手数料くらいしかかかりません。当然ですが、暦年課税なので年末までにお金を動かす必要があります。

土地や家屋で贈与するという選択肢はありますが、その場合、贈与税のほかに登録免許税や不動産取得税がかかってしまいますので注意してください。

第二に、贈与税はもらった人が払うということです。税理士報酬ももらった人が払います。もし親が払うと、それも贈与額に加算されてしまいます。

第三は、贈与税を払う時点（親が元気なとき）と相続税を払う時点（親が亡くなったとき）のタイムラグです。長い目で見れば節税になるとはわかっていても、贈与してもらった時点で子どもは何百万円も贈与税を払わなくてはなりません。

そこから親が亡くなって相続するまでには時間がありますから、その間にありがたみが薄れてしまう恐れがあります。でも、「あのとき親が贈与してくれたからこそ、相続税はこれだけですんだのだ」と思う気持ちを忘れないようにしていただきたいと思います。

もし加算期間内に親が亡くなっても「損をした」と思わないことです。もともと相続税で支払うはずだった財産です。単に元に戻るだけのことですから、損も得もありません。得なのは、加算期間を過ぎても親が長生きしてくれたときであり、それはお互いに幸せなことだと考えてください。

ちなみに、加算期間内に被相続人が亡くなった場合、贈与をした時点で支払った贈与税額は、相続税から差し引かれますのでご安心を。

相続財産加算期間は、いきなり7年になるわけではない

ここまでは、贈与をした時点から見た新ルールを紹介しました。では、相続発生日のタイミングから見ると、新ルールはどうなるでしょうか。

相続発生日というのは、被相続人が亡くなった日です。贈与の日付は自分で決めることができますが、相続発生日は神のみぞ知るであって、誰にもわかりません。だからこそ、その日になってから慌てることがないよう、前もって知っておく必要があります。

ここでは、相続発生日から見た新ルールを紹介しましょう。

結論からいうと、加算期間が3年からいきなり7年に延長されるのではなく、経過措置が設けられました。順に説明していきましょう。

相続発生日が２０２６年12月31日以前ならば、従来通り、３年前の当該日以降の贈与が相続税課税対象額に加算されます。たとえば、２０２６年７月15日に亡くなった場合は、２０２３年７月15日以降の贈与が加算されます。

経過措置が始まるのは、２０２７年１月１日以降の相続からです。そこから２０３１年まで毎年、加算期間を１年ずつ延長していきます。

加えて、経過措置の扱いについて、もう１つ注意すべき要素が加わりました。それは、経過措置期間中に相続が発生した場合、２０２４年の１月１日から亡くなった日付（当該日）までの贈与も加算するというものです。

わかりにくいので、具体例で説明しましょう。

もし、２０２７年７月１日に亡くなった場合、従来ならば、２０２４年７月１日から亡くなった日までジャスト３年間の贈与が加算対象でした。しかし、新ルールによると、亡くなった日は経過措置期間中ですから、２０２４年１月１日から６月30日までの贈与も加算しなくてはなりません。つまり、ジャスト３年ではなく、３年＋αになったわけです。

年が明けて２０２８年に亡くなった場合、経過措置によって加算期間は４年になります。

図表8 「暦年贈与」の相続税加算期間は順次延長される

相続発生年	贈与の相続税加算（持ち戻し）期間	贈与年はどうなるか
2022年	相続発生3年以内の贈与	駆け込み贈与のチャンス
2023年		
2024年		改正後の制度
2025年		
2026年		
2027年	経過措置あり（2027年〜2030年の贈与）	
2028年		
2029年		
2030年		
2031年	相続発生7年以内の贈与	
2032年		
2033年		
2034年		

その場合も同様です。４年前はやはり２０２４年ですから、２０２４年の当該日から亡くなった日までのジャスト４年間の贈与に加えて、２０２４年１月１日以降の贈与も加算する必要があります。つまり、ジャスト４年ではなく、４年＋αになるわけです。

同様に、２０２９年ならば５年＋α、２０３０年ならば６年＋αになります。

そして、２０３１年になると経過措置が終了し、＋αなしの７年ジャストに戻ります。たとえば、２０３１年５月15日に亡くなった場合は、７年前の当該日、つまり２０２４年５月15日以降の贈与が加算の対象になるのです。

延長4年分の贈与合計100万円以下は非課税

延長された加算期間については、特例的な制度が設けられました。相続の発生前3年以内を超える4年間の贈与については、贈与総額の合計のうち100万円までは課税しないという制度です。

以前のことは細かい金額まではっきりしていない点も多いことでしょう。孫の教育資金なのか、結婚祝いなのかなど、細かいことまでいっていると切りがないので、まとめて贈与総額中100万円までは追及しないという趣旨だと思います。

相続発生日で変わる！　贈与の相続財産加算期間

ここまで説明してきたように、経過措置はかなり複雑な仕組みになっています。ただ、相続発生日をもとにして次のように分けて考えると、理解しやすいと思います。

◎2026年12月31日までに相続があった（亡くなった）場合
↓税制改正以前の「3年ルール」に従う。
3年前の当該日（亡くなった日付）以降の贈与を、相続財産に加算する。
◎2027年1月1日～2030年12月31日に相続があった場合
↓経過措置に従う。
亡くなった日付にかかわらず、2024年1月1日以降の贈与を相続財産に加算する。
◎2031年1月1日以降に相続があった場合
↓新制度の「7年ルール」に従う。
7年前の当該日（亡くなった日付）以降の贈与を、相続財産に加算する。

このように、贈与のルールが変わる2024年～2031年の相続については、どのタイミングで相続が発生するかで、どこまでの生前贈与が相続財産に加算されるかが変わってくるというわけです。それをまとめたのが図表9です。

これを見ればわかるように、2024年になってから贈与した財産は、3年後の2027年はもちろん、2028年になっても2029年になっても2030年になっても、相続財産の加算対象から除外されません。除外されるのは、ようやく2032年になってからのことです。

ですから、生前贈与を考えているならば、2023年の年内に行っておくべきだというのは、このことからもおわかりになるでしょう。

もちろん、2024年以降の贈与であっても、贈与日から7年を超えて長生きすれば節税になることは以前と同様ですが、かなりハードルが上がったことは否めません。

図表9 「いつ相続が発生するか」で贈与の加算期間が変わる

税制改正により、暦年贈与が相続財産に加算される期間（持ち戻し）は、死亡前3年間から7年間に延長されるが、2024年からいきなり7年になるのではなく、経過措置期間がある。具体的には、2024年から2030年は、いつ相続が発生するかによって贈与の加算期間（3年〜7年）が変わる。完全に移行するのは、2031年1月1日以降の相続からとなる。

＊2027年〜2030年の相続については、経過措置期間の特例あり。

［2023年に相続が発生した場合…3年以内］
（現行制度）

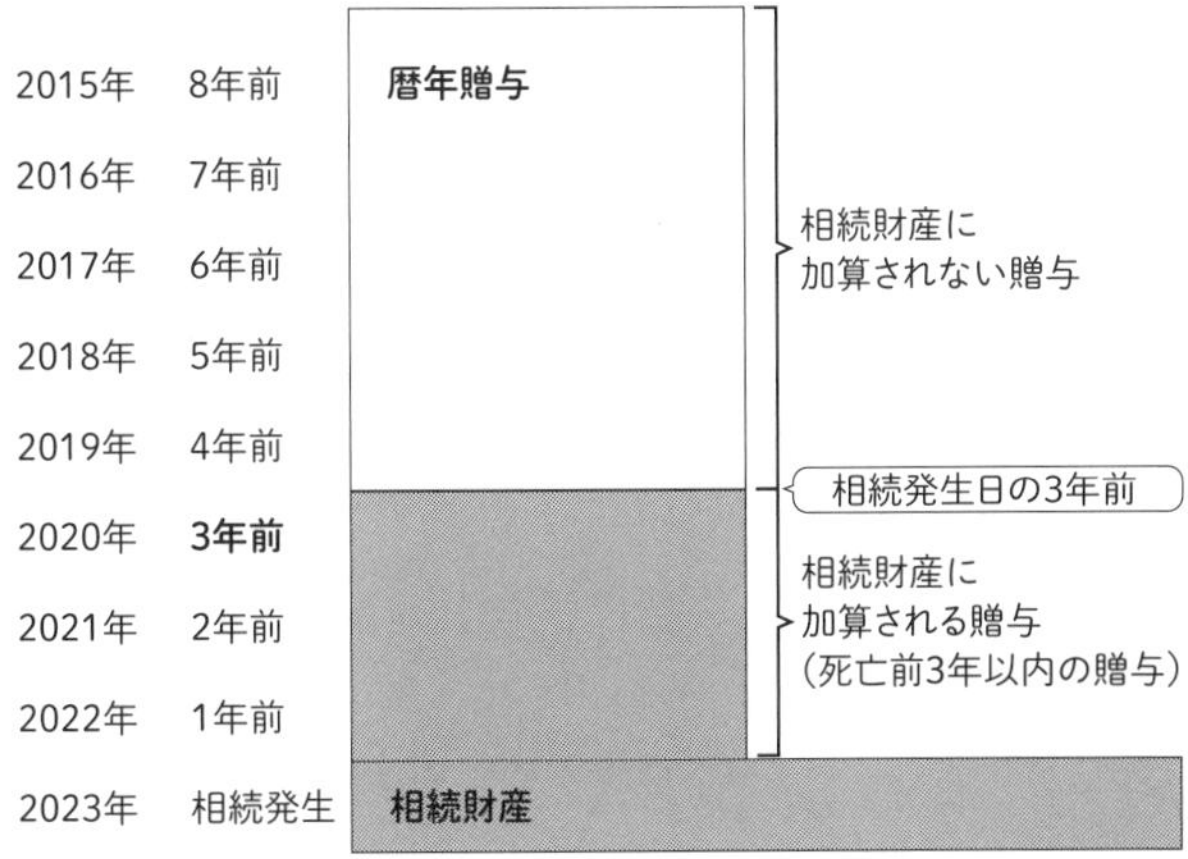

［2024年に相続が発生した場合…3年以内］

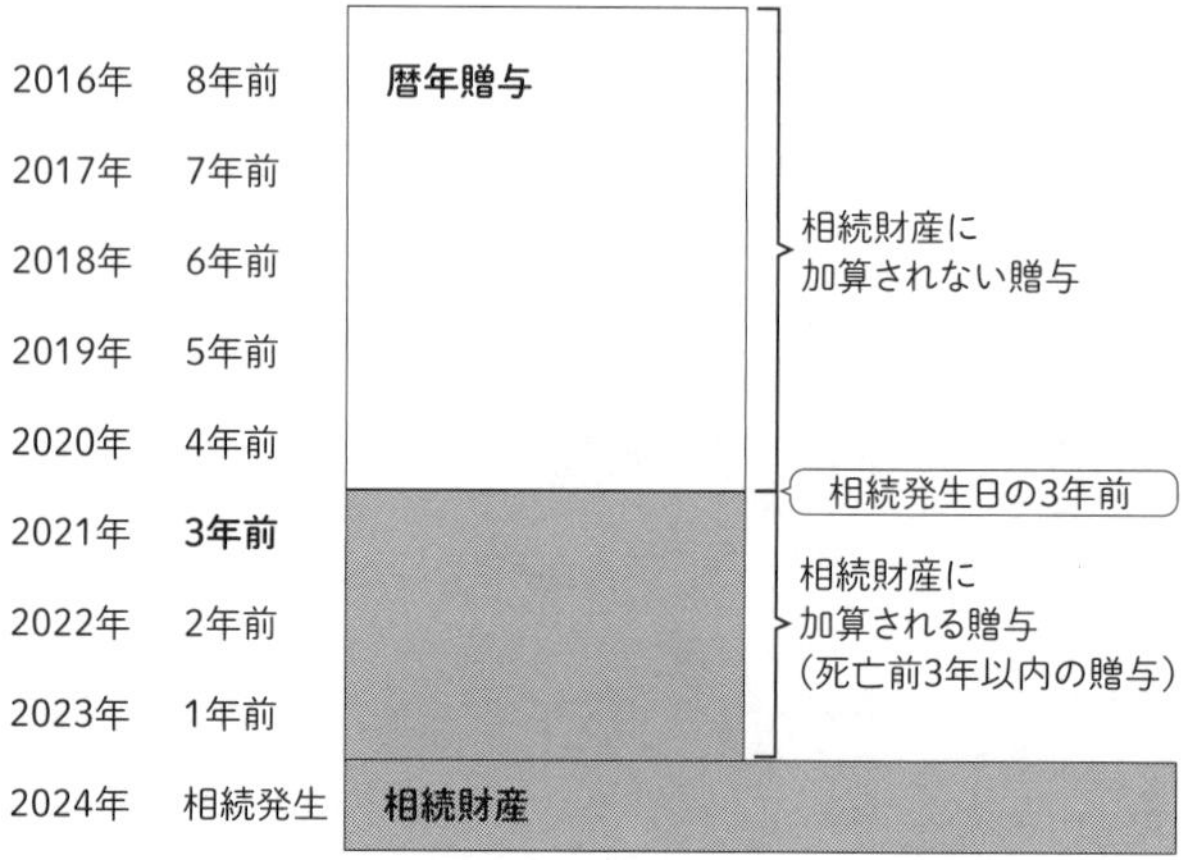

［2025年に相続が発生した場合…3年以内］

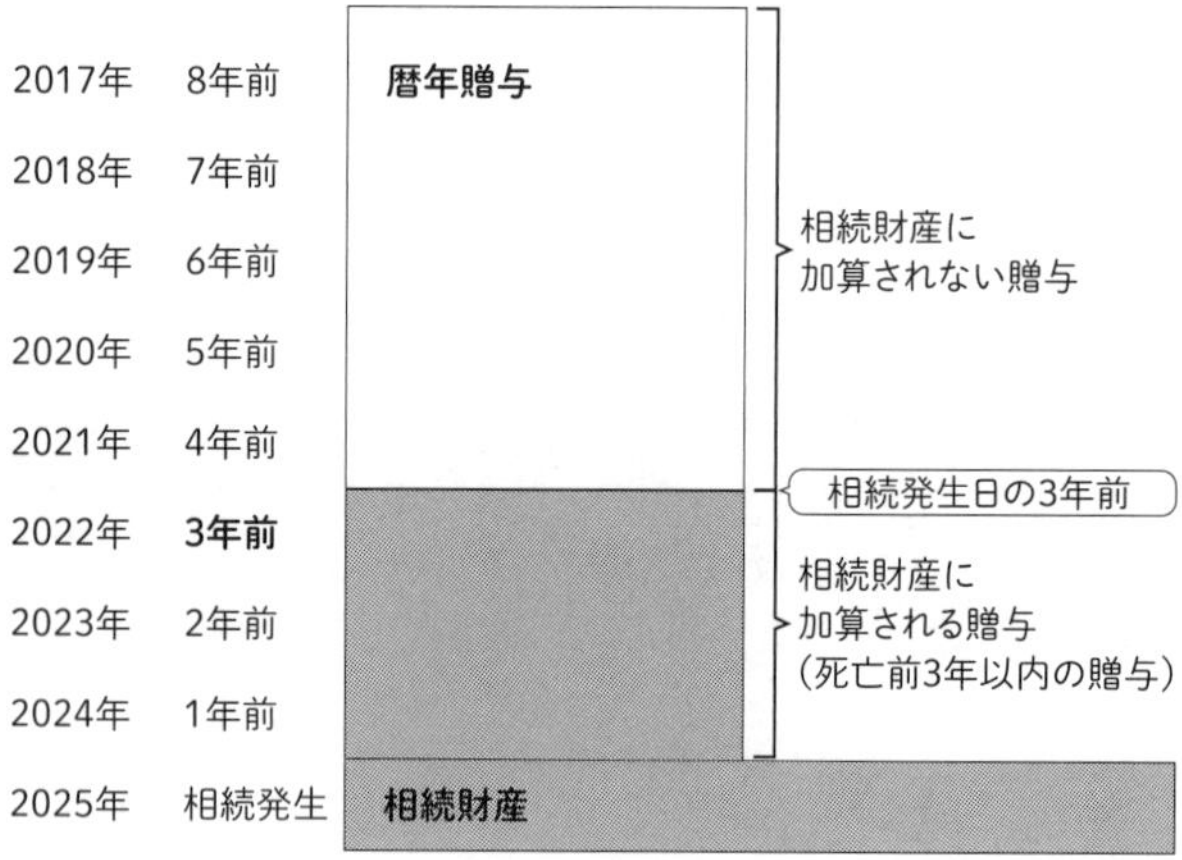

［2026年に相続が発生した場合…3年以内］

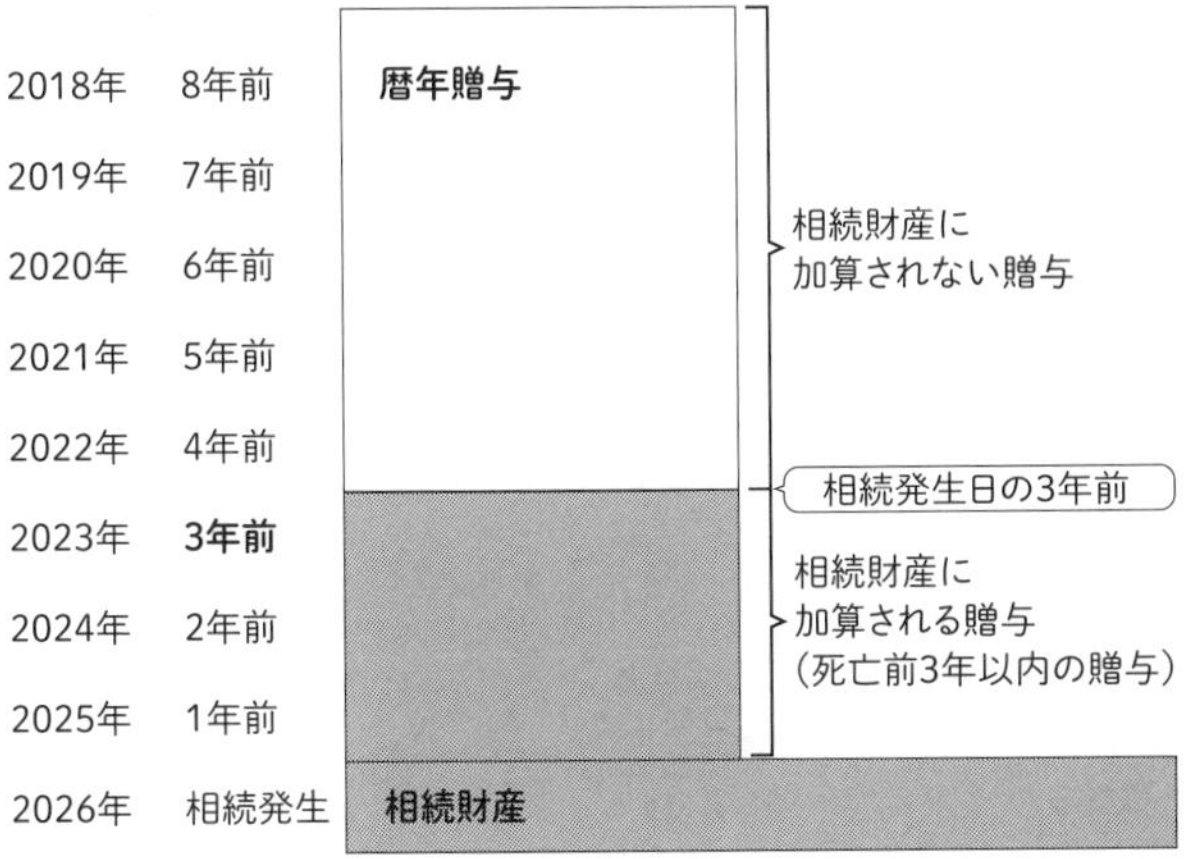

［2027年に相続が発生した場合…3年＋α］
（経過措置の特例あり）

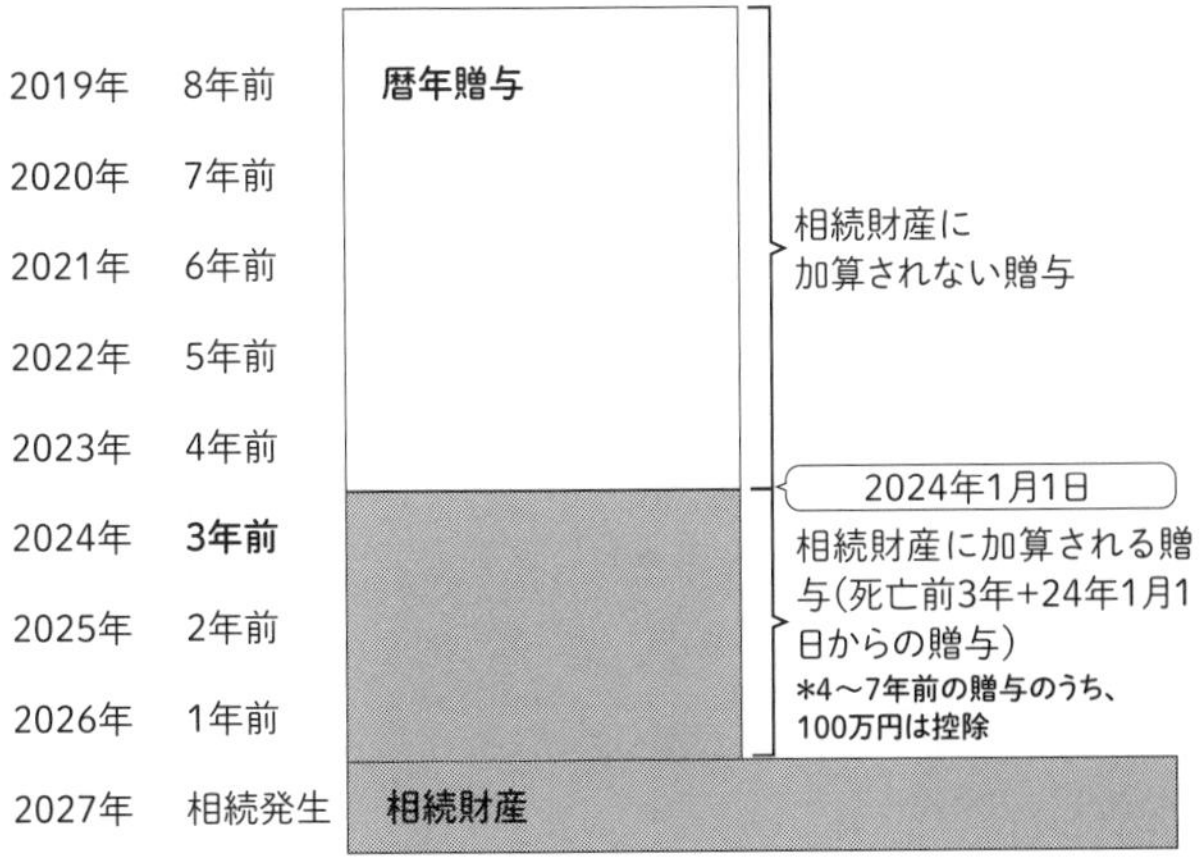

［2028年に相続が発生した場合…4年前＋α］
（経過措置の特例あり）

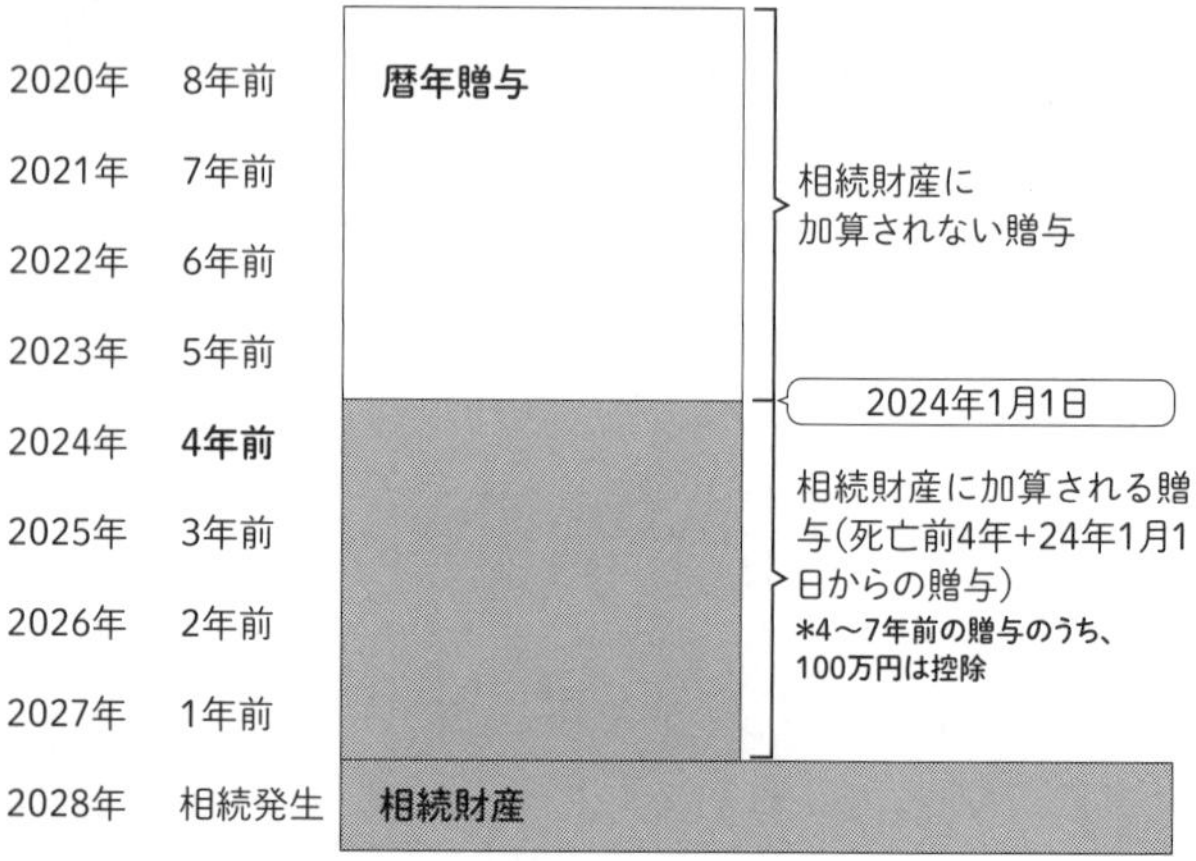

［2029年に相続が発生した場合…5年前＋α］
（経過措置の特例あり）

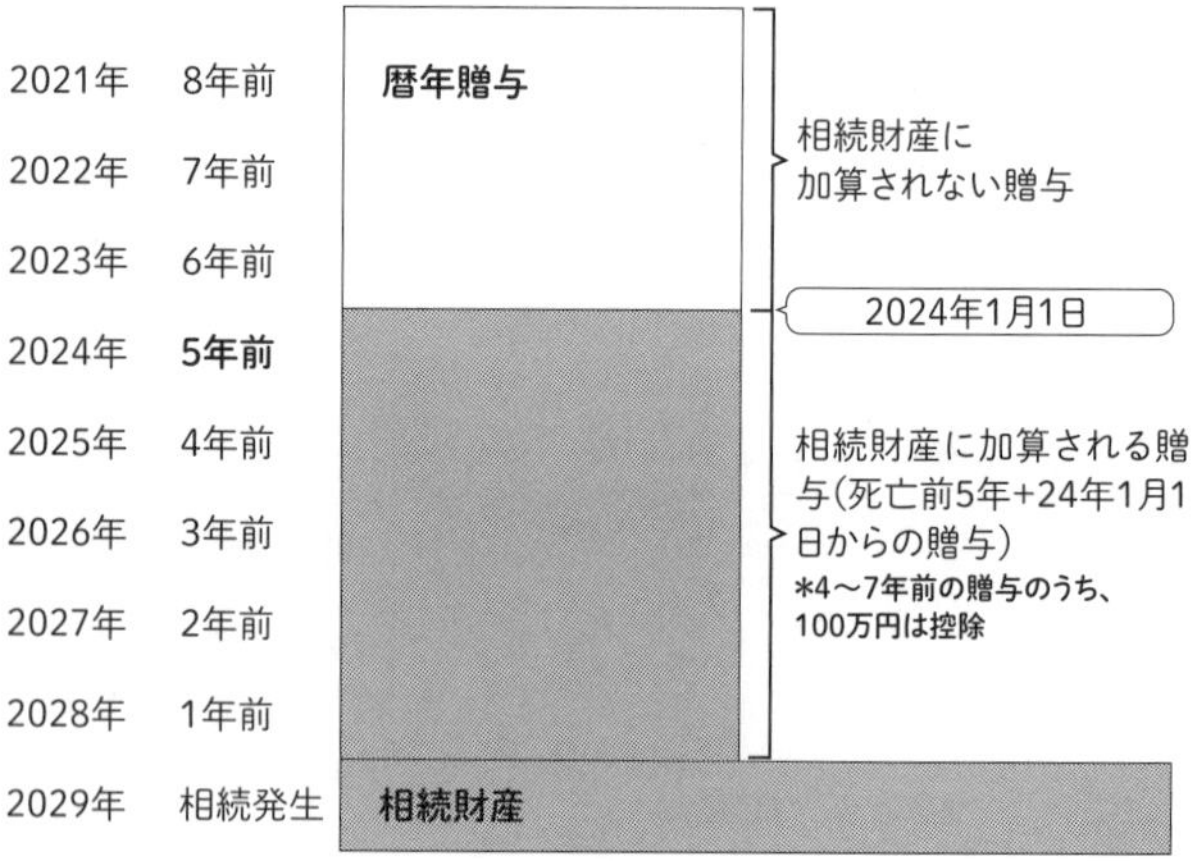

[2030年に相続が発生した場合…6年前＋α]
（経過措置の特例あり）

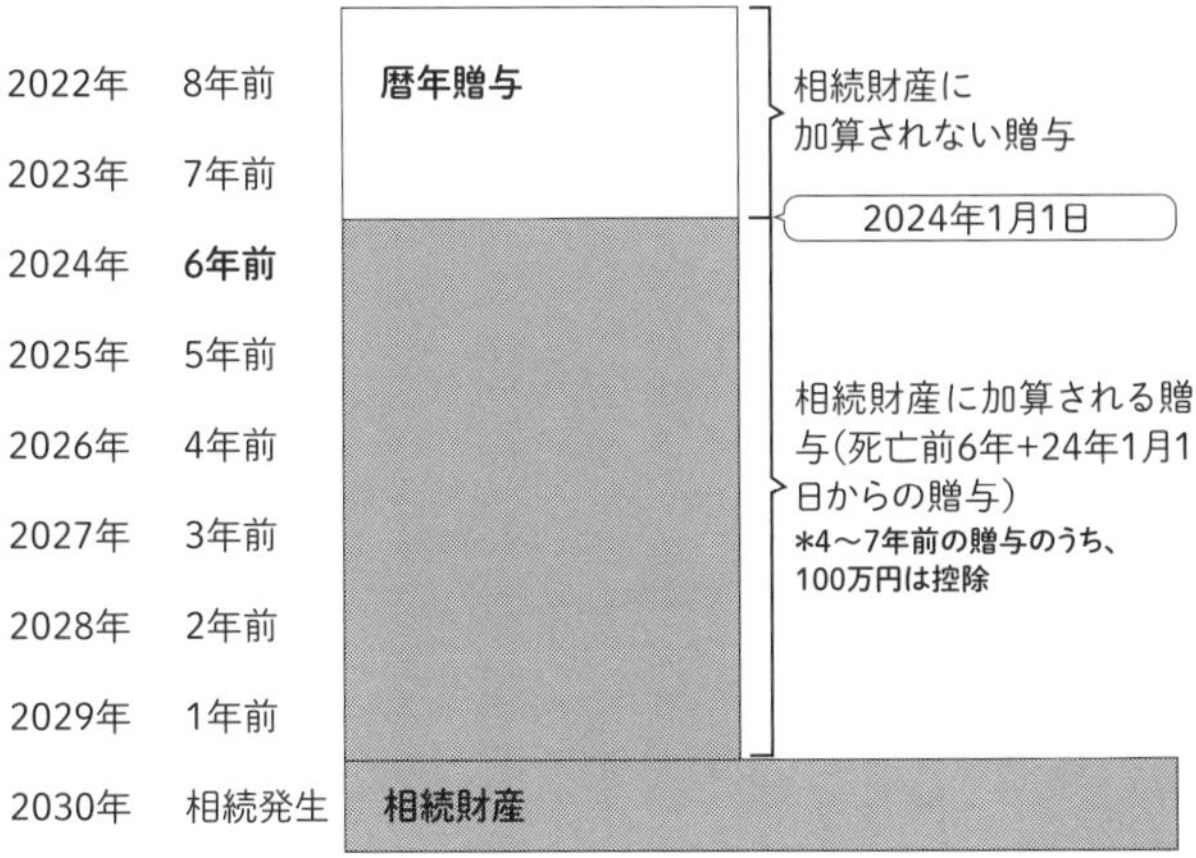

[2031年に相続が発生した場合…7年以内]
（改正後の制度）

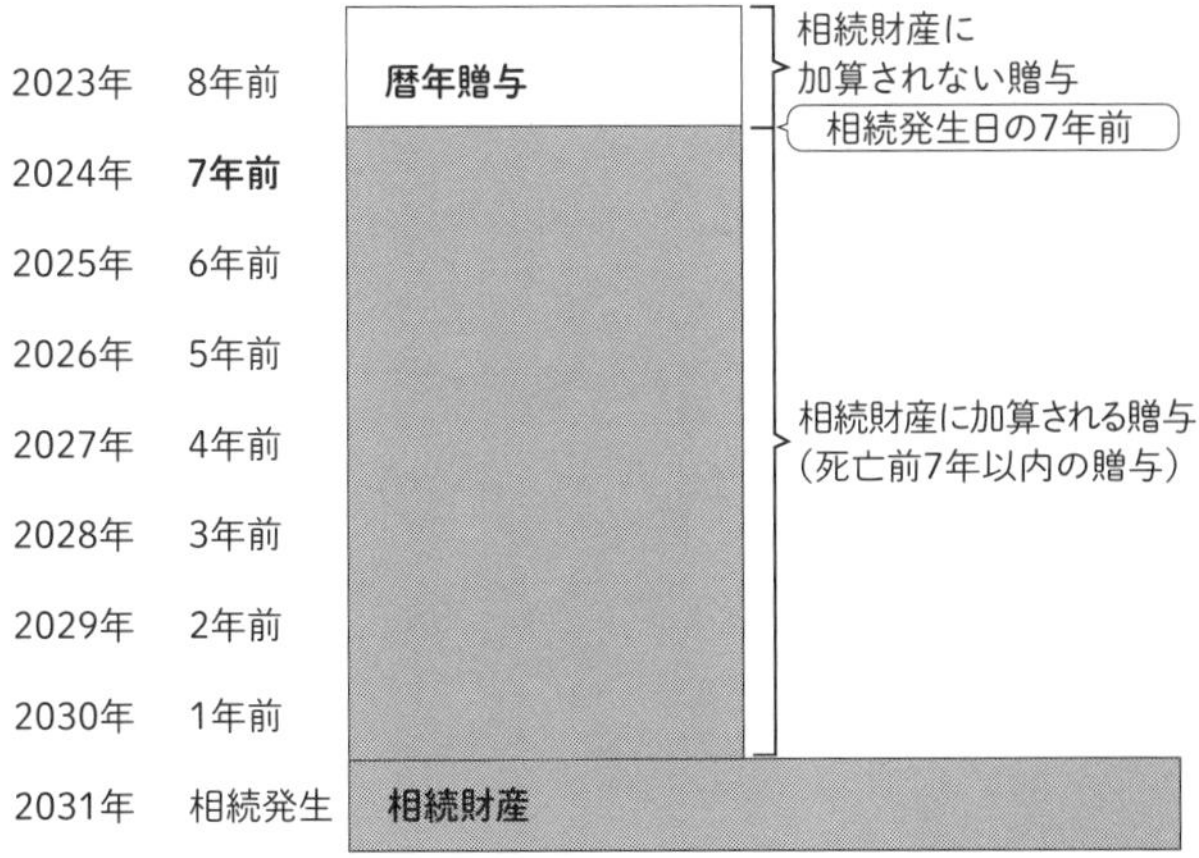

暦年贈与を始めるタイミング

加算期間は7年に延びました。増税だといわれますが、それ以前の贈与は相続財産に加算されません。自分がいつまで生きられるかを考えて、7年以上前から贈与を行えばいいのです。

厚生労働省の「令和3年簡易生命表」によれば、日本人の平均寿命（0歳児の平均余命）は男性が81・47歳、女性が87・57歳ですが、60歳の平均余命は男性で24・02年、女性で29・28年です。つまり、60歳まで生きた人に限ってみれば、男性は85歳、女性は90歳くらいまで平均で生きられるという計算になります。

その7年前というと、男性は70代後半、女性は80歳前半なので、それよりも前から贈与を始めるのが理想的です。暦年贈与を考えているならば、男性は70代前半、女性は70代後半あたりから考えてみてはいかがでしょうか。

ただし、早く贈与をしたほうが節税効果が高いからといって、拙速に贈与をしたり必要以上の額を贈与したりすることで、ご自身の老後資金が不足しては本末転倒です。

素人考えで贈与を実行するのではなく、私たち相続専門の税理士にも相談してくだされば、最適な方法をアドバイスいたします。また、金融機関や生命保険会社でも贈与を組み込んだ商品を販売していますので、信用できる会社に相談するといいかもしれません。

「子ども以外」に贈与をするのも1つの方法

贈与の相手は法定相続人に限りません。たとえば、孫、お世話になっているお手伝いさん、婚姻届を出していないパートナー（内縁の妻、内縁の夫）、甥《おい》や姪《めい》などです。

遺言によって法定相続人以外に財産を贈るのは「遺贈」となりますが、生前に財産を贈るのは（相手が個人である限り）贈与です。

もちろん、贈与税の基礎控除110万円は、こうした人たちが受ける贈与にも適用されます。そして、それを超えた分に対して贈与税が課されます。ただし、110万円を超えたときの税率が、直系尊属から受けた贈与とは異なります。

では、贈与をした人が7年以内に亡くなったときはどうなるかというと、相続により財産を取得した相続人にしか課税できません。お嫁さんやお孫さん（養子縁組に入れていない場合）、家政婦さんは、相続財産をもらうわけではないので、相続税を課税することはできません。ですから、贈与を受けたときに贈与税を払っておしまいということになります。

これは、今回の税制改正でもそのままとなりました。つまり、相続において財産を取得しない人は、いつ贈与を受けても加算の対象外なのです。

財務省主税局は、続柄別の贈与件数の割合（令和元年分）を公表しています。それによると、父母から子どもに贈与するケースが全体の54％、祖父母から孫に贈与するケースが21％で、合わせると75％に達します。これが大半を占めており、それ以外は25％ということがわかりました。

さらに、贈与額の年代別統計をとってみると、70歳から79歳が一番多く、次に80歳から89歳となっています。しかも、贈与する相手は子どもが圧倒的に多いことがわかります。

そうした背景もあるので、今回の税制改正では子（法定相続人）に対する贈与をターゲ

図表10 贈与をする人、受ける人の続柄

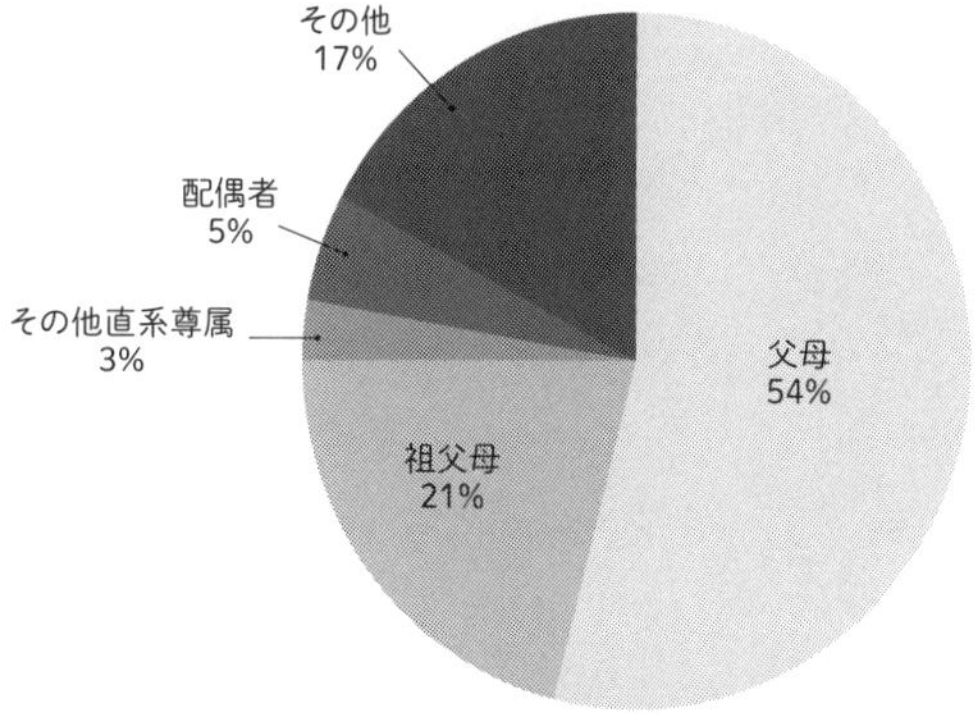

（「続柄別 贈与件数の割合［令和元年分］」主税局調べ）

父母が54%、祖父母が21%で、合計75%となっている。

図表11 贈与をする人の年齢は何歳くらい？

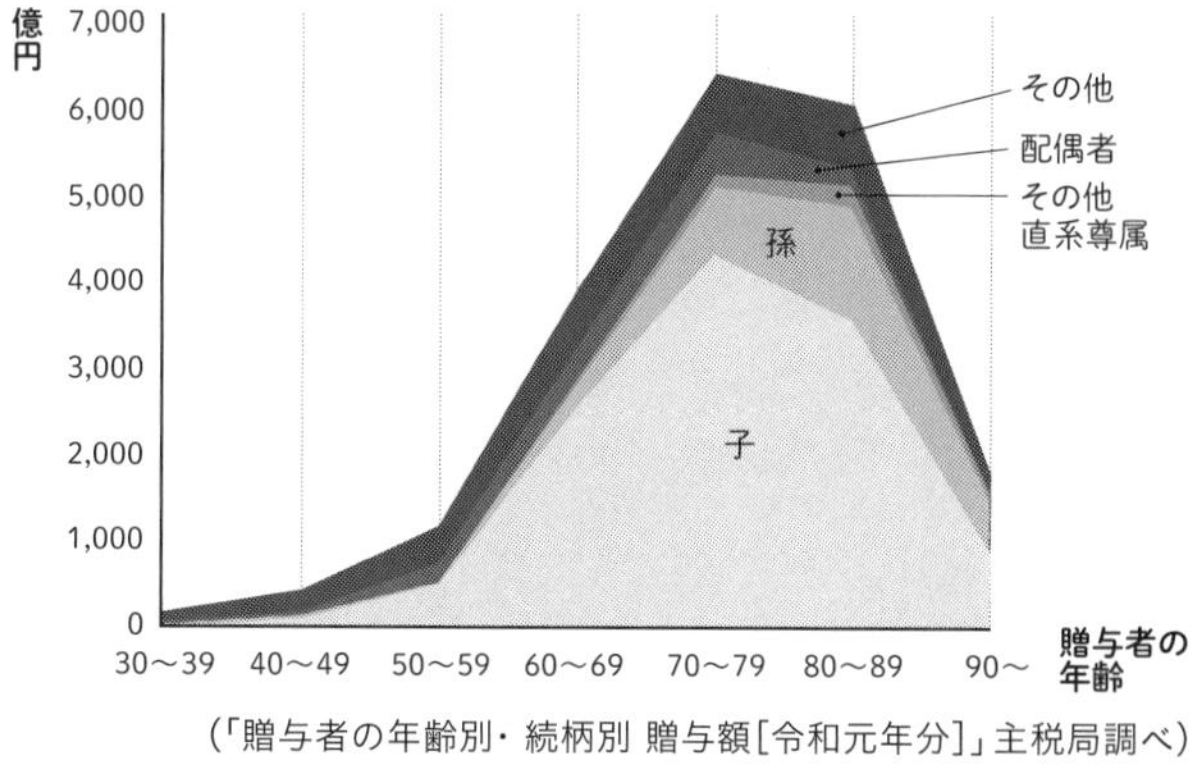

（「贈与者の年齢別・続柄別 贈与額［令和元年分］」主税局調べ）

70歳〜79歳、次いで80歳〜89歳で贈与する人が多い。
子への贈与が多く、孫に贈与する人もいる。

ットにしたのでしょう。比率が少ない孫やお嫁さんに対する贈与による節税額は、それほど大勢に影響がないと考えて対象にしなかったのかもしれません。

2章

「暦年贈与」以外の生前贈与もこんなに変わる！

自分に合った贈与のやり方を見極める

❏「暦年贈与」だけじゃない！　生前贈与の新ルール

贈与に対する課税の方法には、２つあります。

１つは、ここまで説明してきた「暦年課税」です。もう1つは、「相続時精算課税」という方法です。贈与税を納める場合、このどちらかに従うことになります。

暦年課税は、１章で説明したように、毎年の1月1日から12月31日に行われた贈与に対して、年単位で区切って課税をする方法です。贈与額が基礎控除の１１０万円を超えた場合、超えた金額に対して贈与税がかかり、翌年の2月1日から3月15日までに申告する必要があります。

これに対して相続時精算課税を選択すると、それ以後は累積で２５００万円までの贈与ならば贈与税がかかりません（２５００万円を超えると、超えた分に20％の贈与税がかかります）。その代わり、贈与した人が亡くなったときには、贈与した財産（相続時精算課税を選択した以後の贈与）を相続財産に加算しなければなりません。

前にも述べたように、相続財産の前渡しと考えるとわかりやすいでしょう。２００３年に導入された制度で、「贈与税と相続税の一体化」という潮流を先取りした制度ともいえます。この制度を利用したいときは、税務署に対して「相続時精算課税を採用したい」という届け出が必要です。逆にいえば、届け出をしない限り、暦年課税によって贈与税を計算して納税することになります。

序章でも触れたように、今回の税制改正では相続時精算課税の制度が改正されました。また、教育、結婚・子育てなどの贈与に対する非課税制度についても変更がありました。この章では、これらの制度を使った生前贈与について説明していきましょう。

限られた人だけが使っていた「相続時精算課税」

実はこれまで、相続時精算課税はあまり活用されているとはいえませんでした。２０２０年のデータによると、暦年課税によって相続税を申告したケースは年間約44万６０００件ありましたが、それに対して相続時精算課税による申告は約４万件に過ぎませんでした。

というのも、この制度を使えるのは、60歳以上の親や祖父母などから、18歳以上の子や孫への贈与に限るという条件があるからです。また、いったん相続時精算課税制度を選択すると、暦年課税に戻すことはできません。つまり、基礎控除年間110万円を活用した暦年贈与は使えなくなるというデメリットがあるのです。少額の贈与であっても申告が必要というのも面倒でした。

相続税対策としてメリットがあるのは、将来の大きな値上がりが予想される土地や株式を贈与する場合です。

相続財産に加算される金額は、贈与時の評価額を使います。ですから、相続時には価値が上がっていても、相続税は安いときの評価額をベースにできるわけです。もちろん、予想が外れて相続時に価値が下がってしまう恐れもありますが。

つまり、相続時精算課税は、価値が上がると見込まれる土地や株式を持っている人に適した方法といえるでしょう。

それは、実際に相続時精算課税を利用している人を見るとわかります。国税庁統計年報書によると、暦年課税によって贈与税を納めた人の場合、資産の構成は現金預貯金等が

46・8%なのに対して、有価証券27・9%と、現金預貯金等の比率が高くなっています。

これに対して、相続時精算課税を利用している人の資産の割合は、有価証券が46・6%で、現金預貯金等が18・4%と逆転しています。

ここからも、値上がりしそうな株や上場予定がある株などを保有している例外的な人が、相続時精算課税を選択してきたことがわかります。

「相続時精算課税」と「暦年贈与」、おすすめはどっち?

今回の税制改正にあたっては、この相続時精算課税を使いやすくするために、いくつかの変更が加えられました。なかでも重要なのは、以下の2つの点です。

1つ目は、贈与を受けたのが土地や建物の場合、相続税の申告期限までに災害で被害を受けたときは、相続時に資産価値を再計算するというものです。従来は、贈与したときの価値で相続財産に加算したのですが、さすがに災害で遺失したり資産価値が大きく下がったときは救済してあげようというわけです。この改正は2024年1月1日以後に生じた災害により損害を受けた場合に適用されます。

もっとも、有価証券は対象になっていないので、株が暴落しても再計算はされません。しかし実際には、先ほど説明したように有価証券を持っている人が相続時精算課税を利用しているので、この変更によって救済される人は限られています。

特に今回注目されたのは、もう1つの変更点です。それは、相続時精算課税制度を選択すれば、基礎控除2500万円の外枠で、毎年総額110万円までは贈与税も相続税も課税しないというものです。つまり、毎年110万円までの贈与ならば、相続時に相続財産に加算されません。この改正は2024年1月1日以後の贈与に適用されます。

これまでは、少額の贈与でも申告しなくてはいけなかったので、計算も手続きも大変でした。そのデメリットがなくなったのです。財務省にとっては、相続時精算課税を少しでも使ってほしいということなのでしょうが、この決定には正直いって驚きました。それだけ財務省は、暦年課税制度を活用した節税を排除したいのだとも受け取れます。

これまでは、生前贈与の方法として、私たちは暦年贈与をすすめていたのですが、この変更によってどちらが有利なのかわからなくなりました。

図表12「相続時精算課税」と「暦年贈与」の違い

相続時精算課税	項目	暦年贈与
累積で2500万円まで非課税	贈与税非課税枠	年間110万円まで非課税
毎年110万円	贈与税特別非課税枠	なし
110万円×贈与した年数	相続税非課税枠	相続発生前4年～7年の間の贈与金額合計のうち100万円
(選択後の)全期間	相続財産に加える期間	税制改正で3年→最高で7年に延長
年間110万円以内は不要	贈与税の申告	年間110万円以内は不要
なし	大きな金額の贈与節税	あり
60代以上の親	贈与者	制限なし
18歳以上の子ども・孫	受贈者	制限なし
2500万円を超えた額の20%	贈与税税率	110万円を超えた額の10%～55%
相続税の非課税枠がある	メリット	相続発生前7年超の贈与節税ができる
相続発生前7年超の贈与節税ができない	デメリット	相続発生前7年以内については、最大で100万円の非課税枠しかない
一度選択すると変更できない(相続時、物納、小規模宅地、空き家3000万円控除が使えなくなる)	注意点	いつ相続が発生するかわからない(贈与のベストタイミングが読めない)

単純に比較した場合は▒▒の部分のほうが得だが、最終的にどちらがいいかはそれぞれの財産状況によって変わるので、専門家に個別相談をするのがおすすめ。

暦年贈与ならば年間110万円の基礎控除がありますが、亡くなる7年前までの贈与は相続財産に加算されてしまいます。その点、相続時精算課税による贈与だと、年間110万円の贈与が非課税となったうえに、そもそも暦年課税ではないのですから、亡くなる2年前の贈与でも1年前の贈与でも相続財産に加算されないわけです。

一方、相続時精算課税には、相続税の物納ができない、小規模宅地の評価減ができない、空き家売却時の売却益に課せられる譲渡所得税の特別控除3000万円が受けられないなどのデメリットは残りました。

暦年贈与と相続時精算課税を項目別に比較したのが図表12です。これを見ればわかるように、暦年贈与と相続時精算課税による贈与のどちらが得になるのかは、その方の資産総額や資産構成（現金が多いか、株が多いかなど）によって変わってきます。どちらがよいかは、一概に断言できなくなってしまいました。迷った場合は相続の専門家に相談したほうがよいでしょう。

❏ 期間が延長された「教育資金」「結婚・子育て資金」の贈与

基礎控除以外にも、特例として次のような目的の贈与については贈与税がかからないことになっています。暦年贈与と並んで、こうした非課税の特例も相続税対策としてよく活用されています（図表13）。

◎教育資金一括贈与（2026年3月末まで）

30歳未満の子が、親や祖父母、曾祖父母から教育資金を受けた場合、最大1500万円まで贈与税が非課税になるという特例です。医学部進学や海外留学となると、これくらいの金額はかかることでしょう。受けた側の子どもにとってもうれしいですし、贈与した側にとっても資産が減ることで相続税が減るという効果があります。

ただし、金融機関に専用の口座をつくり、そこに一括して入金するという条件があります。そして、その金融機関を通して税務署に申告書を提出して、はじめて非課税が認められます。

この「一括して銀行口座に入金」というのが曲者《くせもの》で、贈与する側は1回きりの行為となり、贈与を受けた側はちょくちょく引き出すことができるという仕組みです。

「子どもや孫が喜ぶ顔が見たくて教育資金を贈与したけれど、何か味気ない。最初は喜んでくれたけれど……。やはり、こまめに渡して何度も喜ぶ顔を見たい」

こう考える人が多かったのか、結局、暦年贈与で教育資金を支援することにした人も多いようです。暦年贈与ならば、毎年子どもや孫の喜ぶ顔が見られます。そのためか、使いにくさもあわせて、この教育資金一括贈与を活用する人は、徐々に減ってきました。

この非課税制度は2026年3月末までの期限付きで継続されましたが、その後は再延長されない可能性は大です。

では、教育資金の非課税制度がなくなったら、子どもや孫への教育費はすべて贈与税がかかってしまうのでしょうか。

いや、ご心配なく。もともと教育費については、社会的通念の範囲内ならば、課税されないことになっています。詳しいことはのちほど説明しますが、常識的な範囲ならば贈与税を心配することはありません。

◎結婚・子育て資金一括贈与（2025年3月末まで）

18歳以上50歳未満の人が、親や祖父母、曾祖父母からウェディング費用、妊娠・出産費用、保育園入園料などの資金の贈与を受けた場合、最大1000万円まで贈与税が非課税になるという特例です。

妊娠から子育てにかかわるさまざまな費用が含まれ、不妊治療や分娩費《ぶんべんひ》、入院費から保育園の費用まで幅広く認められています。

この非課税制度も、教育資金と同じく期限付きで延長され、2025年3月末までとされています。もし、延長されなかったとしても、こうした出費はあとで述べる生活費の援助に含まれますので、特に多額でなければ贈与税を心配する必要は少ないと思います。

◎住宅取得等資金贈与（2023年12月末まで）

18歳以上の子が、親や祖父母からマイホームの購入やリフォームのための資金を贈与された場合、最大1000万円まで贈与税が非課税になるという特例です。非課税の限度額は、住宅の品質やリフォームの内容によって変わります。

ただし、贈与を受ける人の所得が2000万円以下という条件があります。あくまでも住宅資金の援助という前提なので、子どもに資金力がある場合には適用されないのです。

2021年の年末までという期限が設定されていましたが、この制度は人気があるので、2023年12月まで延長されています。

個人的な意見ですが、延長の背景には景気を浮揚させたいという判断もあるのかもしれません。住宅を建てたりリフォームをしたりすると、それをきっかけに電化製品、家具、室内用品なども新しく購入することが多いので、住宅業界にとどまらず、幅広い業界に経済効果をもたらすことにつながります。

単に制度自体に人気があるだけでなく、そんなことが背景にあるのではないでしょうか。

◎夫婦間での居住用不動産の贈与

結婚して20年以上の夫婦の間で、居住用の不動産を贈与する場合、2000万円まで贈

図表13 生前贈与の種類

贈与の種類	非課税枠	目的	適用対象	適用期限
暦年贈与	年110万円			贈与者の死から3年以内(2024年1月1日以降の贈与は7年以内*)は相続税対象になる
教育資金一括贈与	1500万円	学校の入学金、授業料、塾、習い事等	30歳未満(所得1000万円以下)	2026年3月末まで
住宅取得等資金贈与	耐震等住宅1000万円、一般住宅500万円	マイホームの新築、中古住宅の購入または増改築	18歳以上(所得2000万円以下)	2023年12月末まで
結婚・子育て資金一括贈与	1000万円	挙式・披露宴、出産、不妊治療等	18歳以上50歳未満(所得1000万円以下)	2025年3月末まで
夫婦間での居住用不動産の贈与	2000万円		婚姻期間20年以上	

*7年以内の贈与のうち、相続発生前3年以内の贈与以外のものは、100万円を控除する。

扶養義務者間での生活費や冠婚葬祭での祝い金等には制限なし(その都度、必要な金額を社会通念上妥当な範囲で)。

与税が非課税になるという特例です。「おしどり贈与」とも呼ばれています。

もっとも、配偶者に先立たれた場合は、相続財産の法定相続分もしくは1億6000万円のうち多いほうの金額までは課税されないという配偶者の税額軽減の制度があります。

また、亡くなった方の自宅の土地については「小規模宅地の評価減」という制度もあります。通常はそうした制度で十分なのであまり活用されていません。

「どうしても生きているうちに贈与してほしい！」と配偶者に迫られたときに活用する制度といえるでしょう。

◎使用貸借――親の土地に子どもがタダで住んでいる場合

親の土地に子どもが家を建てるという話はよくあります。その場合、地代も権利金も払わないでいる状態を使用貸借といいます。この場合は贈与にならず、贈与税はかかりません。

相手が他人の場合はタダで貸すことはないので、国税庁はちょっと甘いのではないかという意見もあります。しかし、使用貸借の場合、親が亡くなって相続財産を計算する際に、土地評価額が100%計上されるというデメリットがあります。

もし、子どもが地代や権利金を払って借りていれば、借地権価格が控除されて評価額が安くなるのですが、使用貸借では全額が算入されてしまうのです。

つまり、贈与税はかからないけれども、その分は相続税で埋め合わせするという発想です。いわば、贈与税と相続税が一体化されているわけであり、将来の税制改正の先取りといえるかもしれません。

子や孫への「プチ贈与」にも、贈与税がかかるのか

ここまでは、相続税対策にもなる非課税制度について紹介しました。こうした多額の贈与以外にも、子どもや孫を援助する気持ちで、生活費やお小遣いなどのお金を渡していることもあるでしょう。

いやむしろ、世の中ではそうした「プチ贈与」のほうが一般的だと思います。もちろん、年間110万円の基礎控除は今回の改正でも存続しましたので、その範囲内ならば贈与税

を払う必要はありません。しかし、入学祝いや家賃の援助、お小遣いなど、あちこちからもらったプチ贈与の総額が年間110万円を超えてしまったらどうなるでしょうか。

そこで、国税庁の見解をもとにして、プチ贈与と贈与税の関係について確認していきましょう。

まず大前提として、生活費や教育費といったお金は贈与になりません。非課税です。

生活費というのは、その人にとって「通常の日常生活に必要な費用」をいい、食費や身のまわりで必要なものを買うときの費用はもちろん、医者にかかったときの治療費、養育費などの子育てに関する費用などを含みます。教育費とは、学費、教材費、文具費などをいいます。こうしたお金を、必要なときにその都度出すのは非課税とされています。

もっとも、「通常の日常生活に必要な費用」というのが、どういう生活レベルを想定しているのかは示されていません。お金持ちにとっての「通常」なのか、生活に追われている人の「通常」なのか、それとも税務当局の調査官にとっての「通常」なのか、はっきりしていません。

実は、私たち税理士が贈与税を学ぶときには、グレーゾーンのものには贈与税がかかると覚えます。ところが、実際に税理士の仕事を始めてみると、よほどめちゃくちゃでなければ問題ないというのが一般的な認識です。

たとえば、子どもや孫の生活のためにかなりのお金を出しても、生活費と教育費ならばセーフというのが原則です。スイスの学校に留学する費用を出してもセーフ。家賃が払えないから、家賃を払ってあげるのも問題ありませんし、自分の家にタダで住ませるのももちろんセーフです。

けれども、マンションの購入に親がお金を出し、それをもとに取得し、名義を子のものにしたとなると、相続税対策と見られてアウトになる可能性があります。先ほど紹介した非課税措置を利用するなら別ですが、そうでなければ贈与税がかかります。

お年玉、入学金などのお祝い金は大丈夫?

生活費や教育費以外はどうでしょうか。

「孫の入学祝いを奮発したけれど、贈与として申告しなくちゃいけないの?」

「子どもたちにあげたお年玉は贈与になるの？」

そうした疑問が湧いてくるでしょう。お小遣いは生活費の一部と考えられるので贈与にはなりません。入学祝いも贈与にはなりません。ですから、原則として申告する必要はありません。

孫が私立に入るので、祖父母が入学祝いに20万円、30万円をあげたという話もあります。それくらいのレベルならば、孫に向けた教育費として考えることができるのでセーフです。ただし、ものには限度があって、入学祝いが１００万円となってくるとグレーゾーンです。入学祝いに名を借りた資産の移動ではないかと、税務署に目をつけられる恐れがあります。

再び国税庁の見解をチェックしてみると、「個人から受ける香典、花輪代、年末年始の贈答、祝物または見舞いなどのための金品で、社会通念上相当と認められるもの」は非課税とあります。

「社会通念上」という条件がついていますが、冠婚葬祭に伴う出費は非課税と考えてよいでしょう。年末年始の贈答ともあるので、お歳暮、お中元、お年玉、入学祝い、卒業祝い、お見舞いなどはここに含まれます。

もっとも、何が社会通念なのかは人によって解釈が違ってきます。80歳の親が50歳の子どもに対して、多額のお年玉をあげるとどうなるのか？　なかなか難しい問題です。これは半分冗談ですが、いっそのこと、「お年玉は1人いくらまで非課税。40歳以上になったらお年玉は禁止」という法律ができればわかりやすいのですが、さすがにそうはならないでしょう。

車の購入費、免許取得費用も贈与になる？

子どもや孫に車を買ってあげたり、車の免許を取る費用を負担したりというのは、おそらく贈与になると思います。ただ、地方では車が生活に欠かせないという事情もあるので、場合によっては贈与税がかからないかもしれません。

おじいちゃんが病院通いをする送迎のために、孫に車を買ってあげたり、免許取得の費用を負担するのは認められる可能性があります。

その場合、使用割合も関係すると思います。たとえば、祖父の送迎に使用するのが、全体の半分ほどになるならばセーフかもしれませんが、送迎が1割で遊びに行くのが9割では認められないでしょう。それならタクシーを使ってください、といわれるかもしれません。

購入が認められるにしても、高価な車ではなく実用の範囲内でなくてはなりません。

先ほどの教育費にしてもいえることですが、「通常の日常生活に必要な費用」という国税庁の見解については、その贈与を実行できる人が国民の半分くらいいればオーケーだと私たちは思っています。それを贈与できる資力を持つ人が国民の1割ほどのケースでは、贈与税がかかりやすいと見たほうがいいと思います。

❏ こんなものは贈与とみなされる

明らかに課税対象になるケースも押さえておきましょう。

子どもの借金の肩代わりは課税対象になります。子どもがギャンブルで借金をつくったり、会社のお金を使い込んだりして、見かねた親が代わりに払ってあげるというのはよく耳にします。

これらは生活費でもありませんし、教育資金でもありませんから、贈与と見なされます。同情の余地はありますが、親がお金をあげて、子どもがそのお金で返したというだけの話だからです。その場合、厳密にいえば子どもが贈与税を納めなくてはいけません。

同じように、生活費や教育費の名目で贈与を受けた場合であっても、実際には借金の返済や遊興費に使ってしまったら贈与になります。ただし、子どもが借金で自己破産寸前まで追い込まれてしまった場合など資力喪失状態で、親がしたその借金の肩代わりは、非課税となります。

意外に知られていないのが、住宅のために援助してもらったお金を預金したり、株式や不動産などの買い入れ資金にあてたりしている場合にも贈与となります。使うべきお金をきちんと使わないといけないという話です。もらったお金を貯め込んだり、運用に使ったりすると贈与税の課税対象となるのです。

保険については、国税庁のホームページに規定が示されています。

保険料を負担していない人が、満期や解約によって生命保険金を受け取った場合には、保険料を負担した人から生命保険金の贈与があったものと扱われます。ただし、けがや病気などによるものは除かれます。

また、被保険者の死亡によって受け取った生命保険金のうち、被保険者が保険料の負担者となっていたものについては、贈与税ではなく相続税の対象となります。

血縁でない人から学費を援助してもらったら

先ほどは、親や祖父母からもらう教育資金には、原則として贈与税はかからないと述べました。では、おじやおばが甥や姪に教育資金を出すのはどう判断されるでしょうか。

親がいなかったり親がお金を出せないというなら別ですが、そうでなければ贈与とみなされて110万円を超えた分に贈与税がかかるでしょう。扶養義務がある親がいるのに、それをさしおいて教育資金や生活費を出すのはおかしいというわけです。

重要なのは扶養義務です。要するに、教育費を払う義務がない人からお金をもらうと贈与になるのです。

また、世の中では血縁関係がない人が教育資金を提供するということがあります。たとえば、資産家が見どころのある若い人のために学費を肩代わりしたり、病院の院長が医者になってほしい若者に対して医学部の学費を援助するというケースです。

こうした場合も、扶養義務がない人が支払っているのですから、原則としては贈与となるはずです。ただし、そうした篤志家《とくしか》の気持ちはよくわかりますし、将来を背負ってくれる若者に投資してあげようという意気を買ってあげたいものです。

個人的な感想ですが、教育資金に関しては国税庁の追及が少しだけ甘めのところがあります。どこからどこまでが課税されるのかはグレーな部分が多く、微妙なところといえるでしょう。やはり専門の税理士に相談するのがいいと思います。

3章

「生前贈与」だけじゃない！
頭のいい相続税対策

こんな節税は「やってはいけない」

❏ 税務署に狙われる、危険な「通帳」

税制改正によって暦年贈与のうまみが少なくなったことで、その対策として、子ども名義で銀行口座をつくり、そこにお金を少しずつ移動していこうと考える人がいるかもしれません。いわゆる「名義預金」です。

名義預金とは何かというと、預金の名義は子どもや孫であっても、実際には親や祖父母が管理している預金口座のことです。

名義預金は、相続税のチェックにあたって税務署が狙いをつける重要なポイントです。税務署から親の財産とみなされやすいため注意が必要です。1章では「暦年贈与の落とし穴」として「定期贈与」を紹介しましたが、「名義預金」はそれ以上の大きな落とし穴といってよいでしょう。

問題となるのは、贈与するお金をどのような方法で子どもに渡すかという点です。もしここで、子どもが普段使っている銀行口座に振り込むのなら問題はありません。

でも、そこで親は考えます。

「黙っていてもお金が入ってくるのは、教育的によくないのではないか。じゃあ、子どもには黙って口座をつくってあげて、そこにお金を貯めておこう」

子どものためを思って、そういうことをする気持ちはよくわかります。しかし、そうしてつくった預金口座こそが、まさに名義預金なのです。

ハンコも通帳もカードも親が持っていて、子どもには預金口座があることすら知らせていなければ、完全な名義預金です。名義は子どもであっても、実質的に親の預金だと判断されてしまうのです。親が亡くなって相続が始まると、この預金は親の財産のまま。亡くなった親は子どもに財産を移動したつもりなのに、相続税の課税対象になってしまうのです。これでは節税にはなりません。

しかも、名義預金には時効(専門的には除斥《じょせき》期間といいます)がありません。贈与ならば、亡くなる7年以上前の贈与額が相続財産に加算されることはありません。また、贈与税がかかることを知らずに申告を怠っていた場合の時効は6年間(故意に怠っていた場合は7年間)です。

しかし名義預金は、親の財産のままだとみなされるのですから、税務署はこれを贈与とは扱いません。贈与と認められない以上、亡くなる何年前の振り込みであっても相続財産に含まれてしまうのです。ですから、結果的に時効がないのと同じなのです。

相続が発生すると、税務署は公平な制度として相続税をとるために、名義預金の存在がないかどうか徹底的に狙ってきます。このことは、ぜひ頭に入れておいてください。

❑「子ども名義の預金」ではないことを証明する方法

税務署が「これは名義預金ではないか」と疑うポイントがいくつかあります。

①預金口座の存在を子どもが知らない
②入金はあるが出金がない
③子どもが通帳もハンコもカードも持っていない
④子どもの家や職場から離れた銀行の支店が使われている

逆にいえば、これに該当しないようにすればいいわけです。親が定期的にお金を振り込んでいたとしても、通帳もハンコもカードも子どもが持っていて、子どもが自由に使える口座であることを証明できれば問題ありません。

また、1章で紹介した「あえて110万円を超える贈与をする」ことは、名義預金でないことを証明する有効な方法です。なぜなら、贈与税を支払うのは贈与を受けた側ですから、贈与税を払うこと自体が「自分は確かに贈与を受けた」と認めたことになるからです。

ただし、贈与税も親が肩代わりすると、それも贈与税の対象になるのでご注意を。もちろん、親が払っていることがわかれば、税務署は「やはりこれは名義預金だ」という確証を持つことにもなってしまいます。

もっとも、実際には名義預金かそうでないか、グレーゾーンの預金口座が多いのです。

実は、私たちのような相続を扱う税理士にとって、グレーゾーンにある預金口座が、いかにシロであるかを証明するのが大きな仕事の1つになっています。一方で、税務署は躍起になってクロであることを証明しようとします。

まさに、名義預金は相続という舞台の主戦場です。そこでの税理士と税務署の攻防は、一般の方々の想像を絶することでしょう。

通帳を見せなくても、口座の存在はバレる

「でも、親が現金をこっそり子どもの口座に預金していくなら、バレないのでは？」

そう考える人が多いようですが、税務署を甘く見てはいけません。たとえ贈与の時点でバレなくても、相続の段階でバレる可能性が高いといえます。少なくとも、一定規模の相続財産がある場合には、税務署は必ず相続人の銀行口座をチェックしてきます。

もしそのときに、その口座は子どもが自由に使えるものだと主張したり、あえて贈与税を払ったことで贈与だったと主張しても、それだけで税務署が納得してくれるとは限りません。

たとえば、預金口座に何千万円も入っていた場合、税務署は相続人が本当にそんなにお金を稼げる人なのかを確かめます。どの入金がどういう由来なのか、履歴を聞かれること

でしょう。

苦し紛れに、「今は無職ですが、以前しばらく働いていて、株で儲けたこともあります」といった言い訳は通用しません。その裏付けを求めてきたり、事実関係を調べたりしてくるのです。

税務署にとって、名義預金はまさしく狙い所です。税務調査の8割以上が名義預金をターゲットにしているといってもよいでしょう。暦年贈与のメリットが減ったからといって、安易に名義預金をするのは非常に危険だということを覚えておいてください。

以前の税務調査では、「お持ちの銀行口座の通帳をすべて持ってきてください」というパターンがよくありました。そうしたイメージが強いためか、税務署はこちらが見せたデータだけで判断していると誤解している人が多いようです。しかし、そんなことは絶対にありません。

特に近頃ではデジタル化が進み、紙の通帳を使わないケースも多くなりました。

「紙の通帳がなければ、税務署にバレることはないだろう」

もし、そう思っていたとしたら大間違いです。バレない口座はないと思ってください。

税務署の情報ネットワークをなめてはいけません。税務署は金融機関に照会して、預金の取引状況をすべて調べることができます。多額の出入金があったり、預金の残高が相続人の生活に見合っていなかったりすると、そこを突破口にして税金逃れを見つけ出します。「古い通帳はもう捨てたから大丈夫」ということもないのです。

❏ 名義預金を巡る、税務署対税理士の攻防

名義預金なのか贈与なのか、見方によって解釈が分かれる「グレー」な口座は確かに存在します。そんなときこそ、税理士の腕の見せ所です。

税務署から厳しく問い詰められると、どうしても一般の方は反論ができなくなってしまいます。その点、税理士は税法を専門としていますから、法律に基づいて反論できます。

もちろん、誰が見ても名義預金としか考えられない「真っ黒」なケースではどうにもなりませんが、「グレー」ならば、なんとかなるかもしれません。

税理士をつけずにいたために、名義預金とみなされて税金を取られたという例はいくら

でもあります。また、税理士にもさまざまあって、相続を専門としていない人だと反論しきれないことも多くあるようです。

いずれにしても、特に名義預金については、素人が徒手空拳《としゅくうけん》で立ち向かうには困難が伴います。税理士に頼むと費用がかかるからといって避ける人もいますが、苦手なことに時間を割くくらいならば、プロに任せるべきでしょう。そして、その間は自分の仕事に専念してお金を稼いだほうがずっといいと思うのです。

贈与や相続についてのプロの税理士ならば、税務署に狙われやすいポイントも知っていますし、それを避けるすべも知っています。

さらにいえば、税務署に提出する書類に、そうした税理士のハンコが押してあれば、税務署も手練《てだれ》の税理士とはあえて時間をかけて事を構えようとは思わないものです。多少の費用はかかるかもしれませんが、それで節約できる税金のほうが多いこともしばしばです。

また、一般の方が慣れない税務で費やす時間や労力を金銭に換算すれば、プロに任せたほうが安上がりだともいえます。何事にもいえることですが、ちょっと面倒そうなことがあれば、プロの力を借りたほうが長期的に得することが多いと思います。

□生前贈与以外にできる相続税対策

税制改正によって暦年贈与のメリットが少なくなった現在、ほかにどのような相続税対策があるのでしょうか。ここでは、次の4つの対策について紹介します。

①親子で住宅を取得して共有する
②プライベートカンパニー（個人資産管理会社）を設立する
③孫と養子縁組をする
④海外疎開をする

どの方法も、やり方によっては税務当局から相続税逃れとして指摘される恐れがあります。法律に触れずに進めるには、税理士など専門家に相談していただくのが安心です。

①親子で住宅を取得して共有する

子どもが住宅を買うときに、親と共同購入するのは1つの手です。そして、資金を出した割合に従って、親子で共有名義にします。そして、親が亡くなって相続の段になれば、その親の持分を子どもが相続すればよいのです。この方法ならば、親の支出額が親の持分になるだけですから贈与には当たらず、贈与税はかかりません。

この方法でマンションを購入すると、相続税対策のメリットが大きくなります。というのも、相続財産を計算するときに、建物や土地は現金よりも評価額が低くなるためです。特に、建物は評価額が低くなるので、その分が相続財産に含まれても、大変な金額にはならないでしょう。その点、分譲住宅（一軒家）よりも土地の分が少ない分譲マンションは有利です。

もちろん、共有名義であっても、子ども（と、その家族）だけが住むことに問題はありません。子どもにしてみれば、親の支援で自分の住む場所が持て、節税までできるので、まさに願ったりかなったりの方法といってよいでしょう。

「親や祖父母からの住宅取得等資金の贈与には非課税の特例があるのでは？」という考え

もあるかもしれません（詳しくは95ページ参照）が、それだけでは足りない場合も多くあるのです。

最近では、この方法が節税策として知られるようになり、マンションギャラリーでは「子どもが30代、40代で家を買うと、親からの資金はどれくらい援助してもらえるのか」という相談がひっきりなしにあるそうです。

注意すべきなのは、不動産登記をするときに、それぞれが支出した金額によって持分を決めることです。「親が3分の2を出したけれども、相続のことを考えて持分は子どものほうを多くしておこう」などと考えると、その差分が親から子に対する贈与として扱われ、贈与税が課されてしまいます。

また、住宅は新規購入がいいでしょう。すでにある親の住宅の一定の持分を、子どもが購入して共有する形にすると、せっかく評価額が低くなっている建物や土地が、時価相当の現金という高い評価額の資産に変わってしまうからです。

きょうだいでの共有はモメごとのもととされますが、親子の共有は問題ないと考えます。きょうだいの場合とは違って、親が先に亡くなって子どもが相続するというシナリオがはっきりしているからです。

②プライベートカンパニー（個人資産管理会社）を設立する

アパートやマンションのような収益物件を持っていれば、プライベートカンパニー（個人資産管理会社）を設立すると相続税対策になります。ただし、会社をつくるための費用や手間がかかりますので、年間所得600万円を超えたら考えてみるといいでしょう。

たとえば親がアパートを所有して家賃をとっているとすると、通常はアパートの収入はすべて預金として親の口座に残ります。そのまま亡くなってしまうと、当然のことながら口座残高は相続財産となり、100％課税対象になります。

ところが、親の資産やアパートの収入をすべてプライベートカンパニーに移すと、相続の対象になる資産は、プライベートカンパニーの株式だけになります。非上場会社の株価は、会社の資産とイコールではありません。一般的に、会社の評価によって5割にも3割にも低く評価されることが多いので、相続税額も低く抑えることができるのです。

また、そのプライベートカンパニーの役員に配偶者や子どもを据え、役員報酬の形で少しずつ資産を移していくことで、プライベートカンパニーの株価を下げることに加え、所得分散により毎年生じる税金を減らせます。

ただし、相続税対策で会社を設立した場合、事業の実態がないペーパーカンパニーとして税務署から相続税逃れと指摘される恐れがありますので注意が必要です。

③孫と養子縁組をする

資産家の家庭では、孫を養子にするという話がよくあります。子どもが健在であるのに孫を相続人とする方法で、「一代飛ばし」と呼ばれています。これは、相続税対策として大きな効果があります。

一番の効果としては、「親→子、子→孫」という2回の相続を、「親→孫」という1回にしてしまうことで、相続税を低くすることが挙げられます。単純に相続の回数が減るわけですから、相続税が減るのは当然のことです。

孫を養子縁組して相続した場合、相続税は2割加算されますが、それでも相続財産が多ければ多いほど節税になります。また、養子縁組をしたことで、それだけ法定相続人の数が増えることになります。法定相続人が増えれば、相続税の基礎控除額が増えます。さらに法定相続人が増えることにより適用税率が低くなり、節税につながります。

具体的には、孫を1人養子縁組にすると、実子が2人で資産3億円の人の場合、相続税が1460万円節税になります。実子が2人で資産7億円では3260万円もの節税になります（相続税の2割加算は未考慮）。

そんな強力な節税策が、養子縁組の届け出を1枚出しただけで認められるのですから、資産家にとってはこれほど使い勝手のよい方法はありません。

同居している息子の妻を養子縁組したという話も耳にします。これは、親の世話や介護をしてくれたお礼の意味が込められている場合が多いようです。息子の妻（あるいは娘の夫）は、いくら献身的に義理の親の世話をしても、法定相続人ではないために、そのままでは遺産分割を受けられません。そこで、息子の妻を養子縁組して、遺産の一部を分けようというわけです。

ただし、孫であっても息子の妻であっても、きょうだいの間でモメる確率は高まってきます。ほかのきょうだいには、必ず事前に説明して了解を得てもらわないといけません。

遺言もセットにしてあげるべきです。

「きょうだいはもちろんだけど、一代飛ばしで飛ばされた子どもは不満じゃないの？」

そう思うのはもっともです。普通ならば「なんで私をスルーするんだ」とやきもちを焼いても不思議ではありません。ただ、資産家で「一代飛ばし」が定着している家では、その人も祖父母から遺産をもらっているはずです。そういう家風があるので、問題にならないのでしょう。

④海外疎開をする

日本では相続税が最大55％課税されますが、国によっては相続税率がずっと低かったり、ゼロだったりというところもあります。たとえば、シンガポール、マレーシア、カナダ、オーストラリアなどは相続税がゼロです。

そこで、そうした国に移住することで相続税の節税をしようというのが、「海外疎開」の考え方です。

もちろん、それには条件があります。被相続人と相続人がどちらも（親子の場合が多いのですが）、移住してその国に10年以上居住してはじめて、日本にある財産に対して日本の相続税がかからないことになります。それに加えて、相続財産も海外に移動させる必要があります。

親子のどちらかだけが海外移住をしても、もう一方が日本に住んでいる限り、日本の税金がかけられてしまいます。

少し前までは、節税のためだからといって、わざわざ海外に住むのは嫌だという人が圧倒的に多く、海外疎開の事例はわずかでした。しかし、最近になって、子どもを国際人として活躍させるために、海外で教育を受けさせたいというケースが出てきました。特にシンガポールは、相続税がゼロというだけでなく、治安がよく、英語や中国語を学ぶことができるために人気があります。

80歳の親がこれから海外に住むのは難しいでしょうが、50歳くらいの人が将来を見据えて子どもとともに移住する事例は増えていくかもしれません。

「書類のうえだけで住民票を移しておいて、実際は1年の大半を日本で暮らしていても大丈夫？」

そう考える人がいるかもしれませんが、それは税務署を甘く見すぎています。税務署員はさながら映画やドラマのように、近所の聞き込みをしたり、ごみ出しをチェックしたりして、税金逃れがないか調べています。

資産の海外移転についても、金融機関が100万円を超える国外送金については国外送金調書により税務署へ報告しているので、見つからないように海外移転させることは困難です。

❑ 会社経営者向けの4つの相続税対策

同族会社を経営する人にとって、会社を相続するときの相続税対策も大切です。現時点では、主に次の4つの対策があります。

①暦年贈与
②納税猶予

③株の譲渡
④何もしない

①の「暦年贈与」については、現金で暦年贈与するのと同様に、株式で毎年少しずつ贈与していくわけです。個人の暦年贈与と同じく、年間110万円の基礎控除があります。金額は贈与したときの評価額で計算します。ですから、会社の業績が思わしくないとき（評価額が安いとき）に多く贈与すると得になります。

②の「納税猶予」は、経営者が自社株を後継者に生前贈与をすると、経営者が亡くなってもその株を売却しない限り贈与税が課せられない制度です。2018年に特例制度として導入されました。

ただし、経営者、後継者、会社などについて細かい要件が課せられており、提出する書類も多く、費用対効果の見極めも難しいため、専門家の力を借りないと使えない方法です。税理士にとっては、技術を要するために価値が高い「いい仕事」です。

③は、後継者に売るという方法で、20％の譲渡税がかかります。この方法は税金の問題

というよりも、「タダでもらった株」でなく「自分で買った株」という責任感の重さを重視した方法といえるでしょう。後継者が新しい会社をつくり、そこに金融機関が融資をして株を取得すると節税につながるという仕組みです。

④は、まさに何もしないで問題を先送りすることです。税理士にとっては歯がゆいかもしれませんが、経営者が考える時間を持つことは無意味ではありません。ただ、いずれは何らかの対策を考えたほうがいいかもしれません。

コラム 近い将来、「タワマン節税」ができなくなる⁉

相続税対策の1つに、「タワマン節税」という方法があります。相続財産を計算するときに、不動産は現金よりも評価額が低くなることを利用して、マンション購入によって相続税を節税する方法です。

たとえば、マンションを1億円で購入した場合でも、相続税評価額が2000万円〜3000万円になることは珍しくありません。つまり、1億円を預貯金のままで残すと、まるまる1億円に対する相続税がかかってしまうのですが、その1億円を使ってマンションを購入すれば、2000万円〜3000万円相当に対する相続税ですむわけです。

建物は市場価格よりもかなり安く評価されるため、土地付き一軒家よりも分譲マンションの購入は有利です。特にタワーマンションのような高級物件だと、市場売買価格と評価額の差がさらに大きくなり、節税効果も高くなるため、金融機関が資産家によくすすめる方法でもあります。

税制改正により暦年贈与のハードルが高くなったことで、タワマン節税を相続税対策に活用しようと考える方もいらっしゃるかと思います。

しかし、そうしたタワマン節税もまた、近いうちに使えなくなりそうな雲行きです。令和5年度（2023年度）税制改正大綱に、「相続税におけるマンションの評価方法については、相続税法の時価主義のもと、市場価格との乖離《かいり》の実態を踏まえ、適正化を検討する」と記載されたためです。

実は、相続税法第22条によると、不動産は「時価」で算定をすると定められています。とはいえ、いちいち市場価格を判定するのは大変なので、便宜的に相続税計算用の評価額を使用してよいという通達（財産評価基本通達）が国税庁から出されています。

今回の適正化の背景には、近年になって市場価格と相続税評価額が一部であまりにも乖離していることが挙げられます。そこから、「資産家の課税逃れに利用されており、不公平ではないか」という声が上がってきたのです。

「タワマン節税」に対する国税庁の対応

2022年4月、最高裁判所で興味深い判決がありました。審理されたのは、90歳の方が金融機関から10億円以上を借りて東京近郊に高級タワーマンションを2軒購入し、一方を相続税申告の前に売却したというケースで、「タワマン裁判」とも呼ばれました。

国税庁は、そのマンションが不動産資産ではなくて金融資産に近いとして課税しましたが、これを不服として相続人（納税者）が訴訟を起こし、最高裁まで争われたのです。判決は、相続人の敗訴でした。さすがにこの節税はやりすぎだと判断されたのです。

確かに、国税庁の通達では相続税評価額を使用してよいとなっていますが、それが「著しく不適当」な場合に限っては、それ以外の方法で評価するともされています。著しく不適当な場合とは、このような対策を行わない、あるいは行うことができない他の納税者との間に看過しがたい不均衡を生じさせ、実質的な租税負担に反している状況です。そのときは、国税庁の判断によって、評価額より高い金額で相続財産に算入するわけです。

もっとも、それはかなり特殊な例であり、２０１２年度以降で９件しかありません。しかし、訴訟を起こした人の身になれば、「通達に従って評価額を使ったのに、『それではダメ』ではおかしいではないか」という気持ちも理解できます。

確かにこれは極端なケースでしたが、ではどこまでが許容されて、どこからが著しく不適当なのか、基準が曖昧では安心して納税できません。

国税庁もまた、現状を放置するわけにはいかないと考えたようで、マンションの評価方法の見直しにとりかかり、有識者をまじえて検討を進めているところです。

その途中経過について、2023年1月31日、国税庁から報道向けに資料が発表されました。そこでは、マンション価格の評価額と時価の乖離について、「実態把握とその要因分析を的確に行ったうえで、不動産業界関係者などを含む有識者の意見も丁寧に聴取しながら、通達改正を検討していくこととした」と記されています。要するに、「評価額と時価の乖離を埋める方法を検討していますよ」というわけです。

相続税評価における「時価」が市場価格に近づく

現在、マンションの相続税評価額は、土地と建物のそれぞれで計算します。土地は路線価と共有持分の面積をベースに、建物は固定資産税評価額をベースにします。そして、両者を足した金額が相続税評価額であり、これを便宜的に時価として扱っているわけです。つまり、「時価＝相続税評価額」がこれまでの通達の考え方でした。

ところが前述のように、タワーマンションでは市場価格と相続税評価額がかけ離れています。国税庁が挙げたサンプルによると、東京都内の築9年43階建てマンションの23階で専有面積67・17平方メートルの場合、市場価格が1億1900万円であるのに対して相続税評価額は3720万円でしかなく、3・20倍の差があります。

この差を埋めるために、どのような方法がとられるでしょうか。おそらく、従来の方法で算出した相続税評価額に、一定の補正率を乗じて時価をはじき出すのではないかと予想されます。

つまり、「時価＝相続税評価額×補正率」として、実際の市場価格に近づける方法がとられると私たちは考えます。補正率は、それぞれのマンションの階数、所在地、築年数、駐車場・車寄せ等の要素をもとにして、一定の計算式に従って求められることになるでしょう。

さすがに、時価と市場価格を完全に一致させることはないと思います。先ほどの東京都内のマンションならば、補正率を3・20にすると一致しますが、そこまでしたら大混乱が起きてしまいます。おそらく、市場価格の8割前後になるように調整されるのではないかと考えます。

2023年中の「マンション贈与」はメリットあり

もう1つの関心事は、通達の見直しがいつ行われるかです。前述のように、不動産の評価方法は国税庁長官の通達に基づいており、法律で定められているわけではありません。ですから、国会審議は不要なため、早ければ2023年の7月に通達を見直すこともありえます。しかし、影響が大きいだけに性急にことを進めることは避けるでしょう。

あくまでも推測ですが、常識的には2023年12月に発表される「令和6年度（2024年度）税制改正大綱」に記されると思います。前回の「令和5年度税制改正大綱」にはマンションの評価方法について「適正化を検討する」と記されましたので、今度は「見直す」「変える」とはっきり書かれるかもしれません。

そうなると、2024年4月1日の相続から評価方法を変える可能性が高まります。もしかすると、その1年先の2025年4月1日からになるかもしれません。

いずれにしても、評価方法が変われば、高層階や一等地のマンションを相続する人にとって相続税の増税になってしまいます。ただし、一軒家は今回の見直しには関係ありません。あくまでもマンションが対象です。

　では、来るべき通達見直しを前に、どのような対策が講じればよいでしょうか。結論からいえば、「可能ならば、見直される前に手を打ったほうがいい」ということです。

　暦年贈与の最終チャンスである2023年中にマンションを贈与するのも1つの手です。通常は、現金のほうが贈与に有利であり、マンションの贈与には不動産取得税や登録免許税がかかるので得策ではありません。しかし、2023年に限っていえば、贈与しておけば生前贈与の相続税の課税価格への加算年数が3年ですみます。余分な費用がかかるデメリットはありますが、メリットも大きいのです。

　すでに高層階や一等地にマンションを持っていてすぐに売るつもりのない人、あるいはマンションを相続対策で所有している人は、選択肢の1つとして考えてみるのもいいかもしれません。

4章

「モメる贈与、モメない贈与」の分かれ道

「お金」だけでなく「心」も受け継ぐ

「勘定贈与」よさようなら、「感情贈与」よこんにちは

親が子に与える財産というと、もっぱら現金や預貯金、株券、不動産など、金銭に換算できるものばかりを考えがちです。しかし、引き継ぐことができる財産はそれだけではありません。親が培ってきた人脈、良質の教育、心地よい環境、健康、愛情、信頼、幸福感なども親が子に与える財産と考えることができます。

慶応義塾大学教授で「幸福学」研究の第一人者である前野《まえの》隆司《たかし》さんによれば、前者のようなお金に基づく財産を「地位財」、後者のような無形の財産を「非地位財」というのだそうです。

私(天野隆)は前野さんとは何度かお会いしたことがあり、拙著『相続格差――「お金」と「思い」のモメない引き継ぎ方』(青春出版社)では対談の形でお話をうかがう機会を得ました。前野さんによると、地位財と非地位財の最大の違いは、地位財による幸福は長続きしないのに対し、非地位財による幸福は長続きするというのです。

それは、私自身が数多くの相続や贈与の場面に立ち会ってみて、強く感じたことでもあります。相続で多額の現金や不動産を手に入れても、その喜びは長続きしません。むしろ、それでかえって身を持ち崩してしまった人も多く見ました。逆に、相続できょうだいに多くを譲ったり、親の借金をあえて引き継いだことで、その後も懸命に働いて功成り名を遂げた方もいらっしゃいます。

そんな視点で今回の税制改正を見ると、実に興味深く感じるのです。今回の改正では地位財であるお金の贈与に対して制限が厳しくかけられましたが、当然ながら非地位財には制限がかけられていません。

これは、従来のような地位財の贈与や相続ばかりに心を奪われるのではなく、非地位財の贈与・相続にも目を向ける、いいきっかけになるのではないかと思うのです。

これまでの贈与や相続は、「お金＝勘定」ばかりが論じられてきましたが、これからは「幸福感や心＝感情」にも注目していく時代になったような気がします。

「勘定贈与よさようなら、感情贈与よこんにちは」

これが、今回の税制改正に対する私の印象です。

先ほど紹介した前野さんは、お父様から生前に「お前たちに財産は残さないけれども、教育は残す」といわれていたそうです。教育という非地位材を残してもらったおかげで、今日の前野教授があるわけで、心から感謝しているとおっしゃっていました。

非地位財の贈与ならば税金はかかりません。もっと、非地位財の贈与に目を向けてみてはいかがでしょうか。

長年相続を見てきてわかった、贈与でモメる危険ポイント

実は贈与という制度は、きょうだいの間でモメる原因になりがちです。誰がもらって誰がもらっていないか、きょうだいの間で知れば複雑ですし、知らなくてもまた気になるものです。

私は相続専門の税理士として、これまで約2万5000件の相続を見てきましたが、なかには贈与でモメたケースも少なくありません。もちろん、モメないケースのほうが多いのですが、その違いはどこにあるのでしょうか。ここからはしばらく、モメる贈与とモメ

ない贈与の分岐点について考えていくことにしましょう。

まずポイントとなるのが、贈与するタイミングです。そもそも贈与というのは、みんなを集めていっせいに渡すなどということは、まずありません。親はどの子にどれだけお金をあげようか、タイミングを見計らって渡すのです。

贈与する相手とタイミングは、大きく2つに分かれます。

1つは、生活に困っている子にたくさんあげるケース。これはどなたも想像がつくと思います。

難しいのはもう1つで、みんなに平等にあげようとするケースです。これは、やり方やタイミングに気を使う必要があります。

たとえば、「長男には家を買う援助をしたから、今度は次男のほうに孫の入学金を支援しよう」「同居の子にはいろいろ出してあげているから、たまにはほかの子にもあげよう」という状況です。

親は普段の不平等を解消するために贈与でバランスをとろうとするわけです。ところが、贈与されなかった子どもは心中穏やかではありません。「あいつはもらったのに、うちはもらっていない」と思う気持ちが湧いてきてしまうのです。

そこが贈与の難しいところです。

結論をいえば、モメる原因をつくらないために、贈与はきょうだいの間ではオープンにしないほうがよいでしょう。モメ始めると、「おまえは私立だったじゃないか」「披露宴を盛大にやっただろう」から始まり、「無駄なお金を親に使わせたじゃないか」「親が借金の尻ぬぐいをした」という話まで出てきて、切りがなくなります。

相続の場の遺産分割協議ならば、金額をすべてオープンにしないと話が進みません。しかし、贈与は親の裁量でこっそり誰かにすればいいのであり、わざわざオープンにしなくてもいいのです。あえてオープンにしてしまうとモメる可能性があります。

ただし、親が亡くなった7年前までの贈与は、相続財産に加算しなくてはなりませんから、その間の贈与はオープンにする必要があります。さもないと、脱税になってしまいます。

なぜ、金銭的な価値がないものを巡ってモメるのか

モメごとを避けるには、何をどう贈与するかも重要です。それによって、きょうだいのモメごとが起きにくくなったり、起きやすくなったりするからです。

モメごとが起きにくいのは現金の贈与です。形に残りませんから、あげた親ともらった子さえ黙っていれば、まず表には出てきません。

問題なのは形があるものです。たとえば、家やマンションといった物件はもちろんですが、立派な置物や絵画など、わかりやすいものを贈与すると話がややこしくなります、よく問題になるのは和服です。こんなことがありました。

亡くなったお母さんには2人の娘さんがいて、生前に一時同居していた長女が、引っ越しの際に着物をほとんど持っていってしまったのです。おそらく、お母さんも「もう着ないからいいわよ」くらいのことは言ったのかもしれませんので、贈与にはなるでしょう。

ただ、古い着物はよほどのものでない限り、相続財産に含める価値はありません。私た

ち税理士は家財一式の一部に入っていると主張し、税務署も気がつきません。気がついても問題にはしないでしょう。

しかし、次女にとっては重要な問題でした。タンスにあったはずの着物がごっそりなくなっているのを、相続のときに知ったようです。もっとも、それを表立って口に出すことはありませんでした。そんなものを、もらった、もらわないと言い出したら、モメごとになるだけだとわかっていたからです。

とはいえ、お母さんの形見でもある着物ですから、心の中ではさぞかし憤懣《ふんまん》やるかたなかったのではないかと想像します。

こういうことはよくあるのです。私たちの仕事が終わり、ご家族とお茶を飲みながら雑談をしていると、「タンスにあんなに着物があったのに、どうしたんでしょう」というせりふがポロッと出てくることがあります。そんなひと言に、本心が出てしまうのでしょうが、下手をしたらそこでドンパチが始まるかもしれません。ですから、そうした言葉を聞くと、私たちはギクッとしてしまうのです。

これは贈与にまつわる問題ではありますが、金銭的な価値が問題なのではありません。

いわば親の愛情の奪い合いといってもよいでしょう。こんなことをいうと怒られそうですが、男同士よりも女同士のほうが、思い出の品に対する執着が強いようです。他人が見たら価値のないアクセサリー1つでも、姉妹の仲が険悪になることがあります。

男同士の場合は、そうした品ではなく、「兄貴のほうが結婚式が盛大だった」「オレは公立だったのに、弟は私立だった」という過去の出来事で険悪になる傾向があるようです。

「生命保険金の受け取り」を甘く見てはいけない

形がないものであっても、生命保険は曲者です。相続のときにわかってしまうからです。

亡くなった方が保険料を負担していた生命保険金を受け取った場合、生命保険金を相続により取得したとみなされます。つまり、亡くなった親が掛け金を負担していて、子どもが生命保険金を受け取ると、それは親から子どもに対する相続となるわけです。

子ども全員が受取人になっていれば問題はないですし、跡取りが1人だけ受取人になっているのも理解できます。ところが、3人のうち2人だけが受取人であったことから、きょうだいがモメてしまったという例を聞いています。

受取人だった2人はそれぞれ結婚して独立していたのですが、残りの1人である長男は独身で、亡くなったお母さんと同居していました。おそらく、お母さんは同居している長男に対して、普段から何かと援助をしていたのではないかと思います。それで、バランスをとるために残りの2人を生命保険金の受取人にしたのかもしれません。

生命保険金には非課税枠があるのですが、相続に際しては相続財産に合算し、申告しなければなりません。ですから、2人は自分たちだけが受取人になることが明るみに出るのを恐れたわけです。しかし、隠し通すわけにはいきません。やがては長男の知るところとなりました。

最終的にはなんとか収まったそうですが、一時はやや険悪な雰囲気になったと聞きます。無理もありません。自分の知らないところで、残りの2人が結託しているように感じたに違いありません。

親にしてみれば、生命保険金でバランスがとれると考えたのでしょうが、相続の場面でそれを知った長男の気持ちも想像しておくべきでした。できれば、長男にも別に何かを渡しておけばよかったのだと思います。

現金でなくても、ある程度まとまった資産を渡しておけば、長男も「自分は生命保険金の受取人ではなかったけれども、それは自分がこれまで同居してお世話になっているから、残りの2人とのバランスを考えたのだろう」と冷静に考えることができたかもしれません。

私たちが見てきた範囲では、「この子だけが憎くて渡すのが嫌だ」という親はほとんどいません。たいてい親はバランスを考えているのです。ただ、それを子どもたちにうまく理解してもらえるようにしないと、モメる原因になってしまうのです。

きょうだいでモメない秘訣は「相続以前」にある

それでは、きょうだいが贈与や相続でモメないためには、どうすればよいのでしょうか。

相続は、きょうだいの関係に一番影響があるイベントです。相続というのは単なる遺産の分配だけではありません。親の気持ちを継いでいくと同時に、きょうだい同士が残りの人生を心地よく暮らしていくための通過点でもあるのです。ですから、相続を無事に終わらせることは、その後の人生にとって必要不可欠な条件といってもよいでしょう。

そのために、相続前は「とにかく将来は必ず相続がある」ということを念頭に置いて行動する必要があります。基本は「気を使い、お金を使う」ことです。

たとえば、お歳暮、子どものお祝いなどを、折に触れてきょうだいの家に贈るのもその1つ。特に、子どものお祝いというのは、かなりの効果があります。七五三、幼稚園の入園、小学校入学などのお祝いを贈ると、「よそのうちのことなのに、よく忘れずにいてくれる」と感激してくれることでしょう。1つひとつはささやかかもしれませんが、その積み重ねが人の印象をつくり上げていくものです。

長男や本家の人ならば、法事や結婚式などにきょうだいを呼ぶときは、交通費を出してあげて、帰りにはお土産をつけることが大切です。そんなにお金を使うのかと思うかもしれませんが、将来のいざこざが防げると思えば安いものです。出すべきところは出さなくてはいけません。

もちろん、本家だからといって偉そうにしてはいけません。あくまでも、自分たちは先祖代々の土地を預かっている管理人だという態度で、遠方から来たきょうだいやその家族を感謝の気持ちで迎えるのです。

分家の人たちも、本家とのコミュニケーションを大切にしたいものです。電話で話すのもよいのですが、やはり形あるものを贈るというのが一番です。

出張先や旅先で見つけた名産品を贈るのもおすすめです。それだけ普段から相手を気にかけているという表明になるからです。受け取ったほうも悪い気はしません。値段は高いものでなくてよいのです。２０００円や３０００円程度のもので十分で、その代わり回数を多く贈るのが大切です。高いのをたまに贈るよりも、安くてもいいから繰り返し贈るのがコツです。

ここまでで紹介してきたように、さまざまな相続を見てきた私たちの結論をいわせていただければ、モメる原因は単にお金だけではありません。むしろ、お金が2割で、残りの8割は気持ちの問題であるように感じられます。

特に、きょうだいの間で、長年にわたって感情のしこりや嫉妬心がたまっていると、相続の場面で一気に噴き出すことが多いようです。それがお金で解決できればまだいいのですが、なかなかそうもいかないのが現実です。

親は子どものこの「ひと言」にカチンとくる

相続や贈与できょうだいがモメるのはよくある話ですが、ちょっとした気持ちの行き違いが生じると、親子の間でもモメてしまいます。

その大きな原因は、贈与をしようと思う人と、メリットを受ける人が違う点にあります。意思決定する人は親で、メリットがある人は子どもなのです。そして、相続税や贈与税を払うのも子どもです。当たり前のことなのですが、このことを子どもが忘れると、親子の間でモメごとが発生してしまいます。

たとえば、親が亡くなったときに相続税を払うのは子どもなので、少しでも節税できればいいと考えるのは人情でしょう。だからといって、親に対して「今のうちに贈与してよ。そうすれば、相続税が何百万円か安くなるんだ」といったら親はどう感じるでしょうか。喜んで贈与しようという気にはなれないと思います。「そんなことといって、本当は私の財産を狙っているんでしょう」と勘繰られるのがオチです。

親は、たとえ子どもが得をするとわかっていても、そして放っておけば何百万円かを税金にとられるとわかっていても、贈与をするかどうかは子どもの親孝行次第だと考えるものです。

ですから、子どもから「お母さん、暦年贈与を考えてくれないかな」「モメないようにしておいて」というのは禁句中の禁句。逆に、そんなことをわざわざいわなくても、そういうふうにしたいと親に思わせる生活ぶりになっていれば、親心で「贈与をしてもいいかな」という流れに向かっていくはずです。

子どもから親に贈与をお願いしないほうがいい理由

私どもの事務所で贈与や相続の相談をする場合、お子さんだけがいらっしゃって、方針について話し合っている分には、たいていすいすいと話が進んでいきます。ところが、親にどうやって切り出そうかという段になると、急に考え込んでしまう人が多いのです。

親が相談に同席するケースはあまりありません。ましてや、親御さんだけがいらっしゃって、どういう贈与をすれば有利かと相談することはほとんどありません。

それでも、親子揃ってお見えになる場合もあります。それはいいのですが、私たちが贈与のメリットをお話しして、いざ始めましょうという段階になってストップしたこともありました。

お子さんからすれば、1回認めてくれたじゃないかと不満たらたらですが、親としては何か割り切れないものがあるのかもしれません。そもそも、先ほども述べたように、親にとって贈与をすることには何のメリットもないのです。

よほどの資産家で普段から税制に興味があるなら別ですが、もしかすると親は生前贈与という意味すら知らなかったのかもしれません。たとえ贈与に同意しても、それが税制上どうなのかには興味もないと考えるべきです。贈与したほうは課税されないのですから、興味がないのも当然です。

何よりも心配なのは、子どもにたくさんのお金を贈与した場合、老後の資金は大丈夫なのかということでしょう。一般に、一次相続では男性が亡くなるケースが大半です。前にも述べたように、私たちが集計したデータによれば、男性が先に亡くなったケースがほぼ

8割強となっています。また、夫に先立たれた妻は、その後平均して約16・7年生きるというデータもあります。つまり、20年ほどを生きるための生活費を残しておかないと、心配でたまらないというのが正直なところだと思います。

これまでさんざん子どもにお金を使ってきて、さあこれからは余生を楽しもうと思っていたのに、またお金を贈与してくれといわれたら納得できないのも無理はありません。

しかも、普段はあまりコミュニケーションがないのに、「今度税制が変わるから、うちもやろうよ。相続税で困るのは俺たちだからね」と子どもにいわれたら、誰だって腹を立てることでしょう。

せめて税理士に依頼してくだされば、適切なアドバイスができるかもしれません。

❏ 贈与後の子どもの言動を親は見ている

首尾よく贈与の問題が解決したからといって、それで終わりではありません。親がなぜ、得にならない贈与をしてくれたのか。その気持ちに寄り添うことを忘れてはいけません。

デジタルサービスの会社を経営してきた82歳の会長さんのケースです。会社経営は順調で、そろそろ相続税対策をしようということになりました。後継者は社長をしている52歳の息子です。その息子に自社株を贈与して、遺言も用意することにしました。

ところが、贈与をして経営を任せてみると、会長である親のアドバイスを息子がまったく聞かなくなってしまったのだそうです。時代が違う、やり方が古いといって、これまでの方針をガラリと変えようとします。会長はカンカンになって私どものところに相談に来られて、遺言を書き直したいといい出しました。息子をやめさせて、後継者は娘の子どもにするというのです。

これは贈与は順調に進んだのに、そのあとで親子がモメた例です。原因は、親がせっかく配慮したのに、子どもからの寄り添いがなかったことでした。

「自分に何の得もない贈与をしたのに、人の気も知らないで……」

そういって、すっかりふてくされてしまったのです。

それでも、私たちに不満を吐き出したことで、ずいぶん落ち着いたようでした。最終的に、遺言を多少書き換えて遺産分割の割合を変えましたが、後継者を変えるという極端な話はやめになりました。

もし、不満をいう相手がいなかったら、そのまま突っ走って社長の首をすげ替えるという話になっていたかもしれません。

相続や贈与に積極的な親の共通点

相続や贈与の話題についての対応は、親によってはっきり分かれます。そういうのは考えるのも嫌で話題にもしたくないという人と、積極的に話題にするという人がいます。

積極的な親には、いくつかのパターンがあります。

1つは資産家の親御さんです。何も対策を打たないと相続税をごっそりとられてしまいますので、大金持ちの家ほど普段から相続や贈与を意識して対策を講じています。

難しいのは、いわゆる小金持ちや中金持ちといわれるお宅です。ほとんど資産がなければモメようもないのですが、ある程度の資産があって、しかも比較的最近になって資産ができた家は、遺産相続に慣れていません。そこで、それをめぐってきょうだいの相続トラブルや親子の贈与トラブルが起こってしまうのです。

2つ目のパターンは、自分が相続したときにきょうだいとモメたために、子どもには同じような目にあわせたくないという人。積極的に相続や贈与について勉強したり、税理士に相談したりするケースがよくあります。

3つ目のパターンは、子どもと同居を始めるなど、生活環境が変わって親御さんが将来のことを考え始めるケースです。

実は、先日も奥さんが亡くなって娘と同居することになったという方が相談にいらっしゃって、娘さんに贈与をしたほうがいいかどうかという話になりました。一緒に住んで面倒を見てもらうことになるので、贈与のような形で気持ちを示したいということなのでしょう。

贈与に理解がある母親は、自らの夫の相続で苦労しているか、逆に夫がうまく取り計らってくれたことに感謝をしているか、子どもへの信頼感があるか、税金が理解できている人です。

面倒を見てくれる子どもに対しての贈与

アメリカの贈与税は、贈与したほうが払うそうです。考えてみれば、お金がある人が払うのですから、これは理にかなっていると思います。それに対して、日本はもらったほうが払うのですから、納税意識が生まれにくいだけでなく、贈与する側とされる側で気持ちのすれ違いが起きやすいという問題があります。

また、贈与を複雑にしているのが、受け取る子ども側が決められないという点です。親にとって贈与をするときに心配なのは、先ほども触れたように、自分の今後の生活費がどうなるのかわからないことです。お金をあげて財産が少なくなってしまったら、自分の生活が困りはしないかという心配は当然生まれてくるでしょう。

贈与をするからには、「自分の面倒を見てほしい」という気持ちがあるのは当然です。少なくとも、自分の気持ちに寄り添ってもらうことは期待してよいと思います。

昔だったら親が困ったら子どもが面倒を見るのは当然でした。現在でも、少なくとも同居だったら面倒を見てくれることでしょう。ですから、同居の子どもへの贈与については、それほど大きな心配はいらないと思います。

しかし、同居していない子どもに対する贈与には、不安を抱いているかもしれません。生活費にまったく困っていない親なら別ですが、そうでなければ、同居していない子どもに対する贈与にはためらいがあっても不思議ではありません。

逆にいえば、親にそう思わせないためにも、子どもは普段からコミュニケーションをとることが大切なのです。もちろん、それは贈与を受けるかどうか以前の問題ではありますが。

❏ うまくいっている親子が日頃からやっていること

では、どうやって相続や贈与の話を親に持ちかけたらよいのでしょうか。

それは、何をおいても普段からのコミュニケーションが先決です。いきなり相続の話をするのではなく、常日頃から会話を怠らないことが大切です。

もし、親と一緒に住んでいない場合、私たちが以前からおすすめしているのは、家族を連れないで1人で実家に帰ることです。1人で実家に帰る日数が多いほど、コミュニケーションは円滑になります。

何も改まって話をする必要はなくて、日常の出来事など、思いついたことを気の向くままに話していけばいいのです。親子1対1で話すのですから、気兼ねはいりません。親にしても、子どもの家族がいたのでは本音で話ができません。その点、実の子が1人で来れば、心置きなく話すことができるのです。

実家への帰省というと、お盆や年末年始に一家揃って顔を出すのが一般的ですが、本当に親を喜ばせたければ、自分1人で帰省するのが一番です。

そんななかで、たとえば「うちの子が塾に通い始めてね」、あるいは「2人とも私立で大変。まさか公立に落ちるとは思わなかったから」という話題に自然になったとき、コミュニケーションが円滑に進んでいる親子ならば、「それは学費が大変ね。ちょっと手助けがいるかしら」という反応が返ってくるかもしれません。

常日頃からのコミュニケーションが円滑になることによって、意思疎通がうまくいくわけです。

ある男性は、還暦を迎えた自分の誕生日に、母親のもとを訪ねたといっていました。親の誕生日ではなく、自分の誕生日というのがミソです。

「今日は誕生日なんだ」といわなくても、当然お母さんは知っています。そこで、「産んでもらってよかったよ」とポツリというのだとか。これで、お母さんはとても喜んでくれたとのこと。こんな方法もあるのかと驚きました。

もちろん、節税をするために親とコミュニケーションをしろというつもりは毛頭ありません。そんな下心を持っていれば、すぐに親に見透かされてしまいます。

結果をすぐに求めるのではなく、長い時間をかけて気持ちが通じ合うようにすることが大切です。生意気で親に逆らってばかりいた子どもでも、近い将来に相続があると考えれば、親を大切にしなければという気持ちも湧いてくるでしょう。自然にそんな気持ちが出てくるようになれば、親もまたそれに応えてくれるはずです。

「与え合う」家族になるヒント

贈与という行為は、親から子どもへの一方通行です。でも、それだけではやはり不十分。親からもらうだけでなく、子どもも親に何かを与えるべきだと思います。

とはいえ、お金はないのですから、その代わりになるものを与えなくてはいけません。もちろん、気持ちだけでも大切なのですが、せっかくなので若い人ならではの贈り物をしてみませんか。

そこでおすすめなのが、デジタル技術のサポートです。パソコンの操作を代わりにやってあげる、スマートフォンの使い方を教えてあげるなどです。

年を重ねてくると新しいものごとに対応するのが億劫《おっくう》になってくるものです。若い人にはピンとこないかもしれませんが、おそらく高齢者の誰もが感じていることでしょう。

最近では、パソコンやスマートフォンを使って登録するという場面が増えてきました。何かを買うにも申し込むにも、こうしたデジタル機器から手続きをしないとならなくなりました。ところが、どこで操作を間違えているのか、なかなかうまくつながらないことが多いのです。そんなときの、ハラハラ、ドキドキ感！　あれが、年を重ねるごとにストレスとなって感じるのです。

新型コロナウイルスのワクチン接種の申し込みや給付金の申請もそうでした。電話でもできたのですが、当初はずっと話し中なので、高齢者の多くは子どもや孫にやってもらったといいます。

でも、よく考えてみれば、それが高齢者と若い人の間のいいコミュニケーションになったのではないでしょうか。今後、ますますデジタル化が進めば、そうした機会は増える一方でしょう。

デジタルの知識がある40代～60代くらいの子どもから70代～90代の親に対しては、スマートフォン、ネットショッピング、タクシー配車、ＳＮＳなどのサポートをする。一方、デジタルは苦手だけどお金はあるという親から子に対しては、生活資金サポート、教育資金サポートという流れが生まれてくるのではないでしょうか。そんなコミュニケーションがとれる親子なら、ゆくゆくはスムーズな贈与や相続につながることでしょう。

子どもが一方的に「贈与して」というからバランスが崩れるのです。親子で助け合いを目指してみるといいと思います。

特にスマートフォンは、今の生活に欠かせないものですが、高齢の親はなかなか使いこなせません。だからこそ、何度も何度も子どもが教えてあげる必要があります。「何度いったらわかるんだ」とイライラするのではなく、「またコミュニケーションの機会が増えた」というプラス思考で取り組んでみてください。

そして、スマートフォンが一通り使えるようになったら、ぜひ孫も含めた家族でLINEグループをつくりましょう。さらに豊かなコミュニケーションができることは間違いありません。

親が億劫に思うことを、子どもがサポートしてあげる

子どものサポートが求められるのはデジタル技術だけではありません。日常生活の端々に、いくらでも助け合いの種を見つけることができます。

たとえば、電球を換えること1つとってもそうです。若い人はひょいと背伸びするだけで高いところにある電球を交換できますが、高齢者はそうはいかないのです。背伸びしても届かないので、椅子を持ってくるだけでも億劫でたまりません。そうした高齢者の億劫さは、よく見ていないと理解できないでしょう。

逆にいえば、よくコミュニケーションがとれていれば、親の求めていることが見えてきます。そして、親が口に出さなくても、それに気がついて手伝ってあげれば、親はさぞかし喜ぶことと思います。

よく考えると、高齢者にとっては電球を取り付けるだけでなく、電球を買ってくるのがまた億劫です。ましてや、洗濯機、冷蔵庫、エアコンなどの家電の買い換えも大変です。町の電気屋さんがなくなりつつある今の時代、若い人ならネットで注文するでしょうが、高齢者はそれができません。

エアコンといえば、フィルター掃除も面倒なものです。お風呂掃除はもっと大変です。そう思っていたら、最近はさまざまなものに代行サービスが登場して、そうした掃除の代行サービスや、買い物の代行サービスもよく聞くようになりました。

買い物代行サービスの場合、たとえば買った値段の2割が料金なのだそうです。若い人は「自分で買ってくればいいのに、なんてもったいない」と思うかもしれませんが、年を重ねた人にとってはお金を払ってでもやってほしいサービスなのです。牛乳や液体洗剤のように重いものを持つのは高齢の人はつらいことですし、ましてやマンションやアパートの階段を持って上がるのは重労働です。とはいえネットで買うこともできない。だから代行してほしいのです。

それならば、たまには子どもが手伝ってあげませんか。毎日手伝わなくてもいいのです。たまに実家に帰ったときに、「何か買ってくるものはない？」と聞いてあげれば、親は間違いなく喜んでくれることでしょう。

贈与をしてもらったら伝えたい、感謝の気持ち

子どもにとって、贈与はあくまでも受け身の行為です。だからといって、お金をもらったときに、ただ突っ立っているだけではよろしくありません。

子どもには、「もらったときの配慮」も必要です。金額の多少にかかわらず、お金をもらったら多少大げさなくらいに喜びを示したほうがいいと思います。

それは自分の子どもがもらった場合でも同様です。たとえば、孫の教育資金を出してもらったとすれば、「高校に行けているのは、おばあちゃんのおかげなんだよ」というのを折に触れていうわけです。知り合いから聞いた話では、新型コロナで会えない遠方のおばあちゃんやおじいちゃんから、現金書留でお年玉が送られてきたのだそうです。彼は間髪を入れずに子どもに電話をかけさせて、直接お礼を言わせたとか。「親しき仲にも礼儀あり」といわれるように、そうした心遣いは大切です。

祖父母にとっては、孫が喜ぶ顔が見たくても、遠距離に住んでいると、なかなか会えないかもしれません。だからこそ、せめて声を聞かせてあげるのは大切な心遣いです。

さらに、先ほど紹介したようなデジタルサポートをしてあげて、ビデオ通話やリモート会議機能も使えるようになれば、直接会えなくても顔を見ながら話すことができます。さぞかし親は喜ぶことでしょう。

そうした1つひとつの積み重ねが、親から信頼されるベースになるのです。

付章

ゼロからわかる相続の基礎知識

これだけは押さえておきたい基本ポイント

生前贈与の話を理解する大前提として、最後に相続の基本についてまとめました。相続税額を計算する際の基礎控除額などについてはすでに述べました。

ここでは、

・相続税の申告期限
・法定相続人
・相続財産になるもの

について説明しておきます。

相続税の申告期限は10カ月

相続税は、相続が開始してから（親が亡くなってから）10カ月以内に申告しなくてはなりません。最初の2カ月は葬儀、各種手続き、法要などであっという間に経ってしまいます。実際には、次の4カ月で税理士に依頼して相続財産を確定し、残りの4カ月で遺産分割協議をして相続税の申告書を作るのが一般的です。

相続の最初のステップは、遺言書の有無の確認です。遺言書がある場合は、基本的には遺言書通りに遺産分割することになります。遺言書がないときは、相続人の間で遺産分割協議をして、遺産の分け方を相談します。

その準備で税理士に相談するのが一般的です。税理士は故人の遺産をすべて調べて相続財産調査を行い、財産目録及び相続税の総額について説明します。あとは、相続人の間で話し合うのが基本です。

相続人の間で遺産分割協議がまとまれば、「遺産分割協議書」を作成して、相続税を計算します。そして、「相続税申告書」を作成して税務署に申告し、相続税を支払うという手順になります。相続税申告書の提出期限は、相続税の支払い期限と同じく、10カ月以内です。

ただし、2023年3月末現在、コロナ禍により一時的に相続税の申告や納付の個別の期限延長が認められています。

図表14 相続の手順とその期限

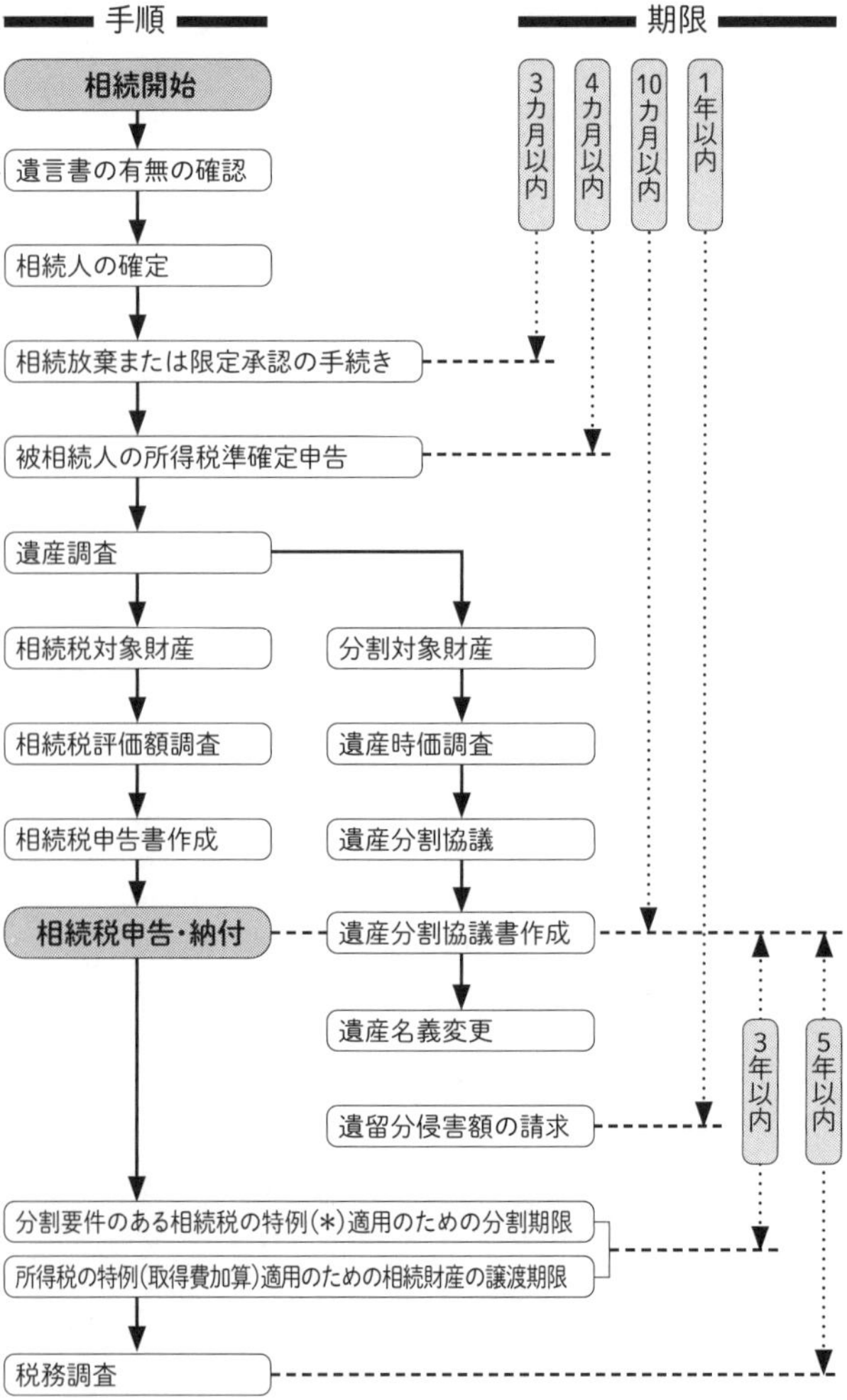

*配偶者の税額軽減(相続税法第19条の2)及び小規模宅地の評価減(租税特別措置法第69条の4)

❏ 誰が「相続人」になるのか

遺産を相続する権利のある人を「法定相続人」と呼びます。被相続人の血族だからといって、実際に相続できるわけではありません。法定相続人には範囲や優先順位が民法で定められており、順位が上の法定相続人が、実際に遺産を相続する「相続人」となります。

①配偶者

配偶者は、常に相続人になれます。ただし、婚姻届が提出されていない、いわゆる内縁関係の人は相続人になれません。

②子ども

子どもは、常に相続人になれます。実子であっても養子であっても、婚姻関係にない相手の子ども（故人が男性の場合は、その子を認知していることが必要）であっても、全員が相続人になれます。

③孫

本来の相続人である子どもが先に亡くなっていて、しかも、その人に子ども（故人にとっては孫）がいる場合、その孫が相続人になれます。同様に、子も孫も亡くなっている場合、ひ孫が相続人になれます。

④親

故人に子も孫（ひ孫以下も）もいない場合、故人の親が相続人になれます。

⑤きょうだい（兄弟姉妹）

故人に子ども、孫（ひ孫以下）、親もいない場合、故人のきょうだいが相続人になれます。本来の相続人である故人のきょうだいが亡くなっている場合、その子どもは相続人になれますが、その子どもが亡くなっている場合にその人に子どもがいても、相続人にはなれません。

遺言書を作成しておけば、法定相続人でない人も遺産を受け取ることができます。たとえば、内縁関係の妻（夫）、愛人、認知していない子どものほか、生前世話になった人などのように血縁関係にない人でも遺産の取得が可能です。

民法では、どの法定相続人にどういう比率で財産を分ければよいかという「法定相続分」が示されています。配偶者と子どもで相続するときは、配偶者が2分の1、残りの2分の1を子どもが均等に分けます。配偶者がすでに亡くなり、子どもだけで相続するときは、全体を子どもの数で均等に分けます。

1章のコラムでも述べましたが、この法定相続分は、あくまでも「こうして分けるといいですよ」という基準です。ですから、相続人の間で話し合いさえつけば、法定相続分に従う必要はありません。

❏ 相続財産は、お金、不動産だけではない

相続財産には故人が所有していたあらゆるものが含まれます。相続財産に算入する際に、現金や預貯金ならば金額が明確ですが、不動産（土地・家屋）や株券などは、それぞれ資産の種類によって一定の基準が定められています。

①土地

市街地にある宅地の場合、国税庁が公開している路線価が基準になります。路線価というのは、道路ごとにつけた価格であり、道路に面した土地はその価格で評価します。路線価の数字は、国税庁のホームページで見ることができます。地図上に1平方メートルあたりの数字が千円単位で書かれています。つまり、５００と書いてあれば、その道路に面した宅地の評価額は、１平方メートルあたり50万円ということを意味します。

ただし、これはあくまでも計算のベースとなる金額です。２本の道路に面する土地は評

価額が高くなり、土地の形がいびつだったり、傾斜していたりすると評価額は低くなります。183ページのコラムでも、詳しく解説しています。

②家屋

家屋の評価額は、固定資産税評価額を基礎として評価します。

③預貯金、株券

預貯金は残高そのままです。株券は、相続開始時点（亡くなった時点）での価格が基本になります。

④貴金属、自動車、家電など

こうした貴金属や耐久消費財は基本的には時価ですが、わかりにくいものは購入価格を参考にして、必要に応じて使用期間などを考慮に入れて算定します。高価ではない宝石や家電、自転車などは、全部まとめて「家財一式」で計上するのが一般的です。

⑤庭木

松や杉などの立派な庭木は、意外に高い評価額になることがあります。

なお、故人に借金がある場合、その分は相続財産から引いて課税価格を計算しますが、借金が多く相続財産がマイナスになってしまうときは「相続放棄」「限定承認（プラスの財産の範囲内で借金を承継する）」といった方法をとることもできます。

❑インターネットを相続に活用する流れも

コロナ禍以前から変わりつつある相続の実務として、相続人ご自身で相続登記を行う人が増えたという点が挙げられます。もともと相続登記は自分で行うことも可能ですが、面倒なので司法書士に依頼するのが普通です。

ところが、インターネットの普及によって、相続登記を自分で行うハードルがかなり下がってきたのです。たとえば、「そうぞくドットコム不動産」というサイトがあり、ここでは自力で相続登記する人をサポートしてくれます（https://so-zo-ku.com）。どんな書類が必要で、登録免許税はいくらになるか、まとまった書類はどうやって束ねて、どこに申請するかなど、懇切丁寧に説明しています。

ただし、司法書士ではないので手続きの代行はしてくれません。自分で法務局に出向くなり、郵送するなりしなくてはなりませんが、その手前までのお手伝いはしてくれます。サイトの利用は有料ですが、司法書士に頼むよりはずっと安くつきます。

これをはじめて見たときに、時代の大きな変化が訪れたと実感しました。相続税申告についても、ご自分でやりたいというお客様が結構いらっしゃいます。私たちに手順を聞いて、申告自体は自分でやりたいというのです。

ＤＩＹではありませんが、専門家に任せきりではなく、自分でやる時代になったのかもしれません。確定申告も今ではｅ－Ｔａｘを通じてネットでできるようになっています。考えてみれば、ほんの少し前まで、飛行機の切符さえ自分で買うことはなく、旅行会社に頼んでいたものでした。そう思うと、ネットを通じて自分で登記や申告をするというのは、時代の流れなのでしょう。

❏ 意外に時間がかかる「相続手続き」

たとえ相続税がかからなくても、相続に関連する手続きは面倒なものです。

相続手続きとは、たとえば不動産や預金などの相続手続きです。そのためには、被相続人や相続人全員の戸籍謄本をとったり、登記簿謄本や固定資産評価証明書をとったり、生命保険の請求、銀行口座の残高証明をとったりと、山ほどやることがあります。

たとえば、銀行の残高証明をとると口でいうのは簡単ですが、実際は手間のかかる仕事です。というのも、コロナ禍をきっかけにメガバンクは窓口をほとんど閉鎖して、用事のある客には予約を求めています。支店機能をどんどん絞り込んでしまっているのです。そんな状況ですから、預金口座の残高証明をとりに行くのには、手間と時間がかかってしまいます。

もっと厄介なのは、亡くなった方の出生から死亡時までの戸籍謄本を、連続してすべてとらなくてはいけないことです。その理由は、未知の法定相続人がいたとなると、相続財産の分配に大きな影響があるためです。

生まれてから死ぬまで戸籍が変わらないという人はほとんどいません。結婚すれば新しく戸籍をつくりますし、遠方に引っ越したことで戸籍を移す場合もあります。

そのため、最新の戸籍謄本を取得したら、そこに記されている前戸籍の所在地の役所に行って戸籍をとるということを繰り返すわけです。

ところが、戦前生まれの方ですと、生まれたときは大家族制度のもとでの戸籍ですから大変です。都会に生まれ育った人でも、戸籍は先祖の土地にあるということも珍しくありません。遠方にあるときは郵送してもらうわけですが、郵送の場合の手数料は定額小為替でなくてはならないので、郵便局が空いている時間に買いに行かなくてはなりません。

そうした相続手続きの所要時間をひっくるめると、全部で80時間かかるといわれています。しかも、これはあくまでも手続きをする時間だけであって、素人の方がすべて自分でやろうとすると、ネット情報を調べたり悩んだりしている時間が加わってきます。

そうした作業を役所や銀行、郵便局などの営業時間にすべてこなすというのは、勤め人の方には困難といってよいでしょう。実はコロナ禍以来、私ども税理士事務所でも、相続に関する手続きニーズが高まっています。

もっとも、ネットのサービスがもっと進めば、こうした手続きはもっと楽になることでしょう。そうしたら、また私たちはお客様のニーズがある業務に力を入れていかなければなりません。

ただいえるのは、そうした手続きは別として、相続そのものはネットで完了できないということです。いくらリモート会議が便利になっても、相続人が顔を合わせないことには、遺産分割協議は進められません。

相続した不動産の登記も忘れずに

土地を相続すると、相続登記をしなければいけません。つまり、亡くなった所有者に代わって、新しい所有者に名義変更をするわけです。2021年になって、民法等の一部を改正する法律が可決成立し、2024年4月1日より相続登記が義務化されます。罰則もあります。相続で不動産取得を知った日から3年以内に相続登記の手続きをしないと、10万円以下の過料が課されます。

「せっかく土地が自分のものになるのだから、いわれなくても誰だって登記するんじゃないの？」

いや、それは1平方メートルあたり何十万円もする都会の話です。地方に行くと、家の裏山全体の評価額がたったの2万円ということもざらです。それならば面倒だから放っておけ、という話になるわけです。

その結果、昔々の先祖の名前がずっと登記簿謄本に残っているという状態になってしまいます。全国的にそうした所有者不明の土地が増えており、土地活用やライフライン設置などに際していろいろ不都合が発生しているために、相続登記の義務化を行ったというわけです。ただし、過料の10万円怖さにどこまで登記が進むかは未知数です。

いうまでもなく、価値がある土地ならば黙っていても登記します。なぜならば、自分の権利にしておかないと、別の人に勝手に使われたり盗《と》られたりする恐れがあるからです。登記しないで放っておくというのは、それが価値のない土地であることを示しています。

登記義務化と同時に、土地を手放すための制度である相続土地国庫帰属制度ができました。これは、相続しても重荷になるだけだから欲しくない土地を、国家に引き取ってもらう制度です。ただし、管理コストの国への転嫁などモラルハザードが発生する恐れを考慮して、邪魔な工作物がある土地、土壌汚染がある土地、崖がある土地、権利関係に争いがある土地などは対象外となります。

ただし、こうした土地を手放すには、法務局による審査・承認を経たのちに、申請者が10年分の土地管理費に相当する額の負担金を納めなくてはなりません。

相続の基本について述べてきましたが、実際のところ、相続はご家族の数だけあり、1つとして同じものはありません。困ったとき、判断に迷ったときは、ぜひ相続に詳しい専門家（税理士や司法書士、弁護士など）に相談してみてください。

コラム　相続の「心の準備」をするためのヒント

相続税対策を考えるときに、まず知っておくべきなのは、資産がどれだけあるかということです。そこで問題になるのは、所有している不動産の評価額です。

預貯金ならば金額がそのまま相続財産になりますし、株券も現時点の株価をもとにして計算できます。しかし、不動産の評価額は、財産を所有しているご本人でもはっきりと把握しているとは限りません。

それでいて、都市部では不動産、特に土地の価格が相続財産のうちでかなりの比率を占めますので、事前に土地の評価額を知っておくことは重要です。

前にも述べましたが、相続における土地の評価額は、国税庁が毎年公開している路線価に基づいて計算します。路線価とは、道路に面した宅地1平方メートルあたりの価格のことで、道路ごとに値段がつけられています。ですから、所有する土地全体の評価額は、次の式で求めることができるわけです。

土地の評価額＝路線価×土地の面積

路線価は毎年更新され、最新のデータは国税庁のホームページで見ることができます。所有する土地が面している地図を探してみてください。道路に書かれた数字が千円単位の路線価です。500と書いてあれば、路線価は50万円になります。

ただし、土地の形やほかの道路との関係など、さまざまな条件によって評価額は上下します。特に、土地をほかの人に建物所有を目的として貸している場合、借りている人に借地権が生じます。貸し手が自由に扱えないことから、評価額はグッと下がります。どれだけ下がるかは、国税庁の路線価の地図にA（＝90％）～G（＝30％）の7段階で示されています。

「相続のせんせい」で始める相続税対策

土地の評価額を知ることは、あくまでも相続をスムーズに進めるための第一歩です。それ以外の資産の状況も調べる必要がありますし、いうまでもなく、きょうだいとの調整も大切です。

もちろん、相続の専門家に相談すればいいのですが、いきなり面談するのは気後れするという方も多いでしょう。

そんなときに役に立つのが、私たち税理士法人レガシィが開発し、運営している「相続のせんせい」という無料のウェブサイトです（https://souzoku-no-sensei.legacy.ne.jp）。

「相続のせんせい」は相続に関するさまざまなお悩みを解決するためのサイトです。このサイトでは、両親の財産がわからなくても、実家の最寄り駅の駅名を入力するだけで両親の財産額が推定され、大まかな相続税額を算出することができます。

計算のベースにしているのは路線価のデータだけではありません。私たちの長年の実務に基づいたデータベースを活用し、その地域に住んでいる方が所有しているであろう自宅と金融資産などのサンプルデータを基準にして相続税を算出しています。

そもそも親が元気なうちは、財産について根掘り葉掘り聞くのは気が引けますし、トラブルにもなりがちです。そんなとき、このサイトを利用してだいたいの相続税額を知っておけば、相続に対する心構えができます。

親が亡くなって、いきなり決断を迫られるのは大変なもの。せめて準備期間を持って対策を立てるための目安として使っていただければ幸いです。

「相続のせんせい」には、そのほかにも、相続においてモメないか不安な方向けに「相続モメ度診断～モメない先の杖～」というチェックツールもあります。また、相続・贈与や不動産対策に関する情報提供も受けられ、セミナーにも参加できて、相続手続きに必要な資料のチェックリストもあり、相続発生日を入力すれば期限を管理してくれます。

また、実際に税理士をはじめとした相続のプロにご相談いただいたあとでも、相続関連資料や報告書をデジタルで円滑にやりとりしたり、気軽にチャットもできます。ご高齢の方にも優しいデジタルツールになっていますので、ぜひ一度お試しになってください。

相続に関するお問い合わせ

税理士法人レガシィ

〒100-6806　東京都千代田区大手町1-3-1 JAビル
（TEL）03-3214-1717
（FAX）03-3214-3131
（ホームページ）https://legacy.ne.jp/

「相続のせんせい」(会員登録無料)にて、
お役立ち情報を発信中
https://souzoku-no-sensei.legacy.ne.jp/portal

天野隆 YouTube

「天野隆のプラス発想応援チャンネル」

https://www.youtube.com/channel/
UCfcZDKfQhg89kVNyAMrBnZQ

天野隆 Twitter

「天野隆@プラス思考士業を応援します」

https://twitter.com/AmanoLegacy

天野大輔 YouTube

「【相続と文学】天野大輔公式チャンネル」

https://www.youtube.com/channel/
UCIJ7UiR1a4bM1kmiTlsJ16Q

本書は『「生前贈与」のやってはいけない』（2022年・小社刊）に最新の情報を加え、大幅にリニューアルしたものです。

青春新書
INTELLIGENCE

こころ涌き立つ「知」の冒険

いまを生きる

〝青春新書〟は昭和三一年に──若い日に常にあなたの心の友として、その糧となり実になる多様な知恵が、生きる指標として勇気と力になり、すぐに役立つ──をモットーに創刊された。

そして昭和三八年、新しい時代の気運の中で、新書〝プレイブックス〟にその役目のバトンを渡した。「人生を自由自在に活動《プレイ》する」のキャッチコピーのもと──すべてのうっ積を吹きとばし、自由闊達な活動力を培養し、勇気と自信を生み出す最も楽しいシリーズ──となった。

いまや、私たちはバブル経済崩壊後の混沌とした価値観のただ中にいる。その価値観は常に未曾有の変貌を見せ、社会は少子高齢化し、地球規模の環境問題等は解決の兆しを見せない。私たちはあらゆる不安と懐疑に対峙している。

本シリーズ〝青春新書インテリジェンス〟はまさに、この時代の欲求によってプレイブックスから分化・刊行された。それは即ち、「心の中に自らの青春の輝きを失わない旺盛な知力、活力への欲求」に他ならない。応えるべきキャッチコピーは「こころ涌き立つ〝知〟の冒険」である。

予測のつかない時代にあって、一人ひとりの足元を照らし出すシリーズでありたいと願う。青春出版社は本年創業五〇周年を迎えた。これはひとえに長年に亘る多くの読者の熱いご支持の賜物である。社員一同深く感謝し、より一層世の中に希望と勇気の明るい光を放つ書籍を出版すべく、鋭意志すものである。

平成一七年　　刊行者　小澤源太郎

著者紹介

税理士法人レガシィ (ぜいりしほうじん れがしぃ)
1964年創業。相続専門税理士法人として累計相続案件実績件数は25,000件を超える。日本全国でも数少ない、高難度の相続にも対応できる相続専門家歴20年以上の「プレミアム税理士」を多数抱え、お客様の感情に寄り添ったオーダーメードの相続対策を実践している。

天野隆 (あまの たかし)
税理士法人レガシィ代表社員税理士。公認会計士、宅地建物取引士、CFP。1951年生まれ。慶應義塾大学経済学部卒業。アーサーアンダーセン会計事務所を経て、1980年から現職。『やってはいけない「実家」の相続』『相続格差』(小社刊)他、100冊の著書がある。

天野大輔 (あまの だいすけ)
税理士法人レガシィ代表社員税理士。公認会計士。基本情報技術者。1979年生まれ。慶應義塾大学大学院文学研究科修了。大手情報システム会社、監査法人を経て現職。プラットフォーム「相続のせんせい」を開発。YouTubeチャンネル「相続と文学」を運営。著書に『「生前贈与」のやってはいけない』(小社刊)などがある。

【改正税法対応版《かいせいぜいほうたいおうばん》】

青春新書
INTELLIGENCE

「生前贈与《せいぜんぞうよ》」そのやり方《かた》では損《そん》をする

2023年4月15日 第1刷
2023年5月20日 第2刷

著者 税理士法人《ぜいりしほうじん》レガシィ
天野《あまの》 隆《たかし》
天野《あまの》 大輔《だいすけ》

発行者 小澤源太郎

責任編集 株式会社プライム涌光
電話 編集部 03(3203)2850

発行所 東京都新宿区若松町12番1号 〒162-0056 株式会社青春出版社
電話 営業部 03(3207)1916 振替番号 00190-7-98602

印刷・中央精版印刷 製本・ナショナル製本

ISBN978-4-413-04668-8